Günter von H.

Visionen: das ‚anders herum'
von Liebe und Tod

Theorie und Praxis einer neuen Methode zur Selbst-Erfahrung und -Therapie

Das Umschlagsbild von E. Nolde hat den Titel Meer1. Noldes Meeresbilder sind etwas, das man ‚Visionen‘ nennen darf. Sie sind nicht abstrakt, aber auch nur angedeutet figurativ. Mit ‚Vision‘ kann zwar ein Zustand der der frühesten seelischen Verfassungen des Menschen beschrieben werden, in dem noch keine feste psychische Struktur vorhanden ist. Dennoch muss man zu diesem Zustand zurückkehren, um sich von dort aus zu regenerieren und um sich im Sinne einer Reifung und Vervollständigung neu aufbauen zu können, wozu mehr gehört. Nämlich ‚eins mehr‘, das auch ein Wortspiel zum Meer 1 darstellt, wovon noch die Rede sein wird.

© 2021, Günter von Hummel
Herstellung und Verlag: BoD – Books on Demand, Norderstedt
ISBN 9783754314012
Lektorat S. Möckel, T . H eydecker und R.Osler

Inhaltsverzeichnis

1. Das ‚anders herum' von Liebe und Tod

In der ZEIT vom 27. 5. 2021 schreibt eine junge Frau über die Erfahrungen und Leiden ihrer psychischen Erkrankungen. „Psychisch Kranke endlich einmal ernst nehmen und authentisch darstellen", steht im Vorspann ihres Textes.[1] Und tatsächlich, sie beschreibt ihr Kranksein einschließlich Klinikaufenthalt und Alltagssituationen sehr akribisch, aber auch differenziert. Vor allem beschäftigt sie sich mit der Art, wie in Netflix-Serien und anderen filmischen und verbalen Repräsentationen die psychische Symptomatik oberflächlich, irreführend und wenig hilfreich herüberkommt. Sie schildert, wie in der Serie ‚13 Reasons Why' der Psychotherapeut „mit ernsten Gesicht und beruhigender Stimme sagt: Manchmal wird alles erst schlimmer, bevor es besser wird". Grandiose, typische Pseudologik, der die Autorin immer nur mit dem Statement, dass die wahre Superkraft ‚im allein Aushalten' liegt, gegenübertreten kann.

Doch warum sagt sie, dass sie psychisch krank ist? Ist das nicht nur ein Ausdruck der fachlich Etablierten und der perfekt Angepassten, die dem sogenannten ‚universitären Diskurs' folgen, während die Autorin selbst viel einfühlender, selbstorganisierter und grundlegender argumentiert, so dass man sie eine Protagonistin nicht nur in eige-

---

[1] Grellmann, L., Also mir ist das ein bisschen zu irre, ZEIT Nr. 22 (2021) S. 68

ner Sache nennen könnte? Ist sie nicht fast eine Psychoanalytikerin, eine für sich Selbst und eine für andere Be-
troffene? Sie ist neurotisch, doch das Wesen der Neurose
besteht im Grunde genommen nur darin, dass der Neuro-
tiker seine Phantasien sich nicht nur ausmalt und liebt,
sondern dass er sie genießt. Er genießt leidenschaftlich
das, was er so blühend phantasiert, wie wenn es real wäre. Neurose ist psychisch nicht in Ordnung, aber ist es
auch Krankheit?

Als die heilige Mechthild von Magdeburg (1207-1282)
ihrer Oberschwester gestand: „Gott spricht mit mir"! war
letztere überhaupt nicht ‚amused'. Dabei waren die Klos-
terschwestern doch genau daraufhin angelegt mit Gott zu
kommunizieren. Aber plötzlich scheint eine aus den Rei-
hen zu tanzen und schon geraten alle durcheinander. Die
Kolleginnen sind neidisch, die Vorgesetzten bangen um
die Rechtgläubigkeit. „Die da viel lieben, die schweigen
selig, die nicht lieben, sind die Aufpasser [Verräter] der
Liebe",[2] schrieb sie selber. Ich betreute jahrelang katholische Schwestern in einem ihnen gehörigen Altenheim als
Arzt. Sie waren alle bescheiden, zufrieden und gut zu
haben. Aber dass Gott vielleicht auch einmal ihre Leiden
direkt lindern könnte, kam ihnen nicht in den Sinn. Warum eigentlich? Ich würde sagen, weil die heutige Zeit
noch mehr als früher zum Aufpasser der Liebe geworden

---

[2] Mechthild von Magdeburg, Das Fließende Licht der Gottheit,
Verlag der Weltreligionen (2010) VI, 25

ist und sie deswegen nichts von diesem ‚anders herum‘ des ‚Fließenden Lichts‘ (Mechthilds Hauptwerk) wussten, von dem ich hier aus modernem Blickwinkel später noch berichten will.

Bei der heiligen Mechthild handelt es sich nicht um Phantasien, sondern um ‚Visionen‘, was ich vorerst noch wegen gewisser Unklarheiten in Anführungszeichen schreibe. Auch Phantasien zu haben ist nicht das Problem, aber sich von ihnen – oft auch unbewusst – zu stark erregen zu lassen, geht nicht. Den subtilen Künstlern, Lehrern, Meistern und ‚Visionären‘ der Menschheit konnte man immer ein bisschen ‚psychisch krank‘ unterstellen, sie haben nur nicht so viel Selbstbezichtigung betrieben wie die obige Autorin. Zum Genießen gehört sowieso immer etwas Irrsinn und selbst der Philosoph F. W. Hegel sagte einmal, er wäre persönlich für kurze Zeit nahe an der Geisteskrankheit gewesen, so sehr genoss er seine Gedanken. Zu derartig Neurotischem kann man auch den Dichter A. Strindberg, den Komponisten R. Schuhmann, den Maler E. Munch und viele andere aus Kultur und Wissenschaft zählen. Doch inzwischen hat sich einiges geändert, wir haben die Psychoanalyse!?

Dass Philosophen der Psychoanalyse oft ablehnend gegenüber stehen, ist nicht unbekannt. Einem so populistischen Denker wie D. Precht kann man dies nicht übelnehmen, er hat sich einfach zu wenig darüber informiert, was Sigmund Freud oder der französische Psychoanalytiker Jacques Lacan gesagt und geschrieben haben. Aber bei dem derzeit größten Philosophen in Mitteleuropa, Jürgen Habermas, ist dies mehr als verwunderlich. Wenn Laien sich von Freuds Sexualtheorie abgestoßen fühlen, kann man das noch verstehen. Sie glauben, dass es um Sexualität geht – in erster Linie wenigstens – doch dies ist nur ein Nebeneffekt, das Wort ‚Sexual‘ bezeichnet nur eine Charakteristik der grundlegenden Kräfte menschlichen Begehrens, die sich schon in der frühesten Kindheit gebildet und eben den Charakter von Trieben haben, die unweigerlich, wie penetrant, ihr Ziel ansteuern, um sich zu befrieden.

Habermas meint jedoch, Freud, und speziell Lacan, habe mit seiner psychoanalytischen Theorie „das Licht der Aufklärung verdunkelt“. Doch diese negative Aussage muss man positiv umdeuten: das Licht der Aufklärung war gar nicht so hell, wie Habermas meint, das neuzehnte und zwanzigste Jahrhundert mit ihren grauenhaften Kriegen haben gezeigt, dass schrecklichste Finsternis herrschte, an der die Aufklärung nichts geändert hat. Und so konnte es nur gut sein, das Licht der Aufklärung mit einem Ausflug in die Psychoanalyse ein bisschen herunter zu dimmen. Freuds grundlegende Kräfte betreffen den Eros-Lebens- und den Todes-Trieb, das heißt – wenn ich es sehr vereinfachend und pauschal ausdrücken darf – die Kraft der Liebe und des Todes. Aber eben weil dies nur sehr simplifizierend ausgedrückt ist, habe ich im Titel des Buches vom ‚anders herum‘ dieser Kräfte und auch der

9

Psychoanalyse insgesamt geschrieben. Denn ‚Visionen'
haben in ihr keine Geltung.

Dass sie doch nicht ganz unberücksichtigt bleiben, kann
man vor allem dem französischen Psychoanalytiker J.
Lacan verdanken, der diese beiden Kräfte umformuliert
hat in die Kraft eines Wahrnehmungs- bzw. Schautriebs
(steht der Liebe nahe) und eines Entäußerungs- bzw.
Sprechtriebs (steht dem Tod nahe). Jedenfalls lässt sich
mit dieser Umformulierung die Psychoanalyse besser
begreifen und umfassender nutzen. Es ist nicht unver-
ständlich, dass das Sprechen dem Tod nahesteht. Die
Menschen reden ständig aneinander vorbei, sie missverstehen sich, ja sie lügen, sie widersprechen sich oft in
totaler, perfekter Weise, so dass man sich wirklich fragen
muss, was sie eigentlich vom Sprechen, vom Kommunizieren, haben.

Nicht viel nämlich, denn sie sagen sich kaum jemals die
Wahrheit. Vielleicht halten sie sich ja an die Erkenntnisse
von Habermas, dessen Zentralthema das ‚kommunikative
Handeln', die ‚kommunikativ vergesellschafteten Subjekte' und die ‚unbegrenzte Kommunikationsgemeinschaft'
darstellt. Es war ein großer Fortschritt, indem die Menschen von ‚subjektphilosophischen (Kant) zum sprach-
pragmatischen Verständnis (Pierce) des Vernunftge-
brauchs' gekommen sind, doch um zur Wahrheit durch-
zudringen, muss Habermas noch etliche Begriffe zusätzlich einführen und klären: es muss zu gegenseitigen An-
näherungen und Verpflichtungen kommen, moralische

Lernprozesse und vieles mehr müssen stattfinden, um das große ‚Wir' zu erreichen, das dann die Zustimmung aller haben kann.[3]

Stimmt ja irgendwie, aber geht es nicht einfacher? Mechthild von Magdeburg hat es ja vorgemacht, aber ihre Wahrheitsfindung ist für uns heute zu sehr vom direkten Gottbezug her erfasst. Lacan vermittelt es auch direkt, wenn er sagt, dass die Sprache gar nicht der Kommunikation dient, sondern der Enthüllung, dem Eingestehen, dem Sich-Preisgeben. Die Philosophen geben sich nämlich nicht preis, sie öffnen sich nicht, sie geben ihre Angst nicht her, rücken ihr Innerstes nicht heraus. Sie verbleiben in den guten, enorm weitreichenden, tiefsinnigen Gedanken, die sie sich selber gemacht haben. Für den Psychoanalytiker sind die Habermas'schen ‚Handlungen der Sprechakte' seelische Abwehrmechanismen, die die Meldungen des eigenen unbewussten Begehrens umgehen wollen. Trotzdem sind Philosophen interessant zu lesen, aber das Entscheidende bringen sie nicht.

Eben, es geht ums Begehren, um eine Triebkraft, der man nicht so leicht widerstehen kann. Und mit der Kraft der Liebe und des Todes verhält es sich so, dass keiner genau weiß, was darin richtig, zutreffend und charakteristisch ist, obwohl man ihnen doch exakt so folgen muss, notge-

---

[3] Habermas, J., Auch eine Geschichte der Philosophie, Bd. 2, Suhrkampp (2019) S. 750 - 785

drungen, zwingend. Dabei war es immer schon störend, dass die Liebe dem Tod gegenüber meist verloren hat. Auch wenn Jahrtausende lang ein Gott oder mehrere Götter ein Garant dafür sein sollten, dass es auch ‚anders herum' funktioniert, indem das Leben nach dem Tod in einem jenseitigen Reich weitergehen würde, bleibt die Frage nach der völligen Unklarheit dieses jenseitigen Lebens und ihren Kräften bestehen.

Um was geht es in der Liebe? Vergeht sie nicht immer in der gleichen Weise, auch wenn sie noch so viel besungen wird? „Die Liebe ist so stark wie der Tod", heißt es im Hohen Lied,[4] und an vielen anderen Stellen wird hinzugefügt, dass Gott mehr liebt als es die Menschen je können würden. Doch muss man sich dafür „treu bis in den Tod erweisen", und zudem wird monoton behauptet, dass ohnehin „die Liebe das größte ist", usw., usw.[5] Ein andauerndes, nichts sagendes Gerede. Mit anderen Worten: es geht eigentlich um eine Wette, die ständig abgeschlossen wird und die man stets wieder abschließen muss, um sich über Fragwürdigkeiten von Tod und Liebe irgendwie gelungen hinweg zu schmuggeln. Es geht um das ‚anders herum' von Liebe und Tod, weil man diese Kräfte im Normalgebrauch immer mit negativen Folgen durcheinander bringt.

---

[4] Das Hohelied 8; 6
[5] Offenbarung 2; 10 und 1Ko 13, 13

Denn auch wenn an all dem normal herum Gesagten ein
Körnchen Wahrheit zu finden ist, für die heutige Wis-
senschaftskultur genügen diese etwas pauschal überhöh-
ten Wahrheiten nicht mehr. Man muss das ‚anders herum' in neuer und beweisbarer Form vermitteln, so dass
man nicht mehr nur glauben muss, sondern auch ein au-
thentisches Wissen davon haben kann. Vor mehr als hundert Jahren hat die Psychoanalyse mit dem ‚anders herum' angefangen. Der Hauptteil der Seele befindet sich –
‚anders herum' als bewusst – im sogenannten Unbewussten, dass das Reservoir von zurückgedrängten oder gar
ganz abgespaltenen Regungen und Bedeutungen darstellt.

Aber ausgerechnet hinsichtlich Liebe und Tod ist die
Psychoanalyse ein bisschen ins Straucheln geraten, meiner Ansicht nach eben wegen des Mangels an ‚Visionä-
rem'. Der Literaturkritiker E. Goebel meinte, dass vor
allem Freuds Todestrieb Hypothese schuld daran ist, dass
das psychoanalytische Gesamtkonzept letztlich pessimis-
tisch ausfällt.[6] Denn die aktiven Eros-Lebens Triebe haben gegenüber dem Tod keine Chance. Der Tod wird
vom französischen Psychoanalytiker J. Lacan daher als
der „absolute Herr" bezeichnet, an dem kein Weg vorbei
geht, und in der Liebe sieht er – neben dem Hass und der
Ignoranz – eine Form des Nichts.

---

[6] Goebel, E., Jenseits des Unbehagens, transcript (2009) S. 10 -
14

Bevor ich damit fortfahre, dass das Nichts nicht ohne ein Etwas logisch denkbar ist, die Eins nur vor dem Hintergrund der Null Bestand hat und die Existenz man sich nur vor dem Hintergrund einer Nichtexistenz vorstellen kann, und sich damit diese Aussagen alle wieder ein bisschen aufheben und ausgleichen, etwas Persönliches: Als Arzt habe ich mich immer gefragt, warum die Menschen so viel Zeit und Kraft damit verschwenden, um nicht an einer Krankheit zu sterben. Sie nehmen Unmengen von Medikamenten, erwägen ständig den einen oder den anderen operativen Eingriff und suchen für alles sogenannte Zweit- und Drittmeinungen, doch nur mit geringem Fortschritt. Wäre es nicht besser ‚anders herum‘ sich den Tod als etwas instrumentell Hilfreiches heranzuziehen, sich eine ‚Diaita‘ (δίαιτα) zuzulegen, eine besondere Lebensweise oder Lebenskunst, wie es die alten Griechen nannten. ‚Diaita‘ war Theorie und Praxis und ging über die Philosophie noch hinaus.

Ich selber leide an einer somatoformen Schmerzstörung, die aushaltbar ist und an der man keinesfalls sterben kann. Sie ist ein ständiger Begleiter, der stört, der sich aber nach Jahren mehr und mehr zu einem Lebenskompass entwickelt hat. Das heißt, ich spüre, wenn mir etwas nicht gut tut, ich mich übernommen, falsch verhalten oder ernährt habe. Dadurch denke ich über den Tod nicht mehr nach, im Gegenteil, ich habe genau aus diesen Vorgaben, aus diesem Grund, das Verfahren entwickelt, das ich im Untertitel angekündigt habe und das exakt im Sinne dieses Kompasses von jedem selbst erlernt werden kann. Eine Methode der Selbsterfahrung und Selbstthera-pie, eine Diaita einzuhalten, von der sich natürlich auch das Wort Diät ableitet, aber eben auch andere kunstvolle Seele- und Körpertechniken, ist im Endeffekt nichts Neu-es. Ich komme noch ausführlich darauf zurück, indem ich das erwähnte neue Verfahren, das ich *Analytische Psychokatharsis* genannt habe, wissenschaftlich begrün-den will.

Zurück zum Nichts, zur Null, zum grundlegenden Man-gel, der – Lacan folgend – den eigentlichen Anfang ge-macht hat, auch wenn man sich den entsprechenden Seins-Hintergrund dazu denken muss. Dass man vom Urknall als einem Anfang des Universums gesprochen hat, ist nur im Nebensatz richtig und nur auf einem Ne-benschauplatz erfolgt. Geht man von einer Wissenschaft v o m Subjekt aus, deren Objekt man jeweils selber ist, liegt der Anfang viel mehr in der Relevanz, die sich nur in jedem Einzelnen praktisch erfassen lässt und nicht in einer generalisierten Theorie. Der Philosoph G. Simmel sprach diesbezüglich vom "individuellen Gesetz", in dem der Einzelne in sich selbst eine Objektbezogenheit er-hält.[7] Denn wenn ich hier schreibe und erzähle, geht alles mit einem ‚Ich spreche, also bin ich' los. Es beginnt und endet mit dem „L'etre parlant" wie Lacan den Menschen in seiner grundlegenden Funktion benannt hat und diese

---

[7] Simmel, G., Gesamtausgabe, Frankfurt (1995)

Funktion dann fast bis zu einer Psychoanalyse ganz ‚anders herum' ausformuliert hat, also einer Selbstanalyse.[8]

Und so heißt mit dem Nichts anzufangen, verkehrt als üblich anzufangen. Kant fing zum Beispiel mit der Frage nach den 'synthetischen Urteilen a priori' an, indem er behauptete, dass es analytische Urteile gibt, die automatisch a priori wahr sind, weil sie sozusagen schon in den Sprachregeln, die wir nutzen, wenn wir z. B. das Wort *nutzen* nutzen, enthalten sind: *Nutzen* nützt – ein analytisches Urteil, a priori wahr. Es ist aber auch irgendwie unsinnig und banal. Diesen Unsinn gibt Kant zwar zu, greift sich jetzt aber die synthetischen Urteile (die also nicht schon durch die Sprachregeln bedingt sind) und fängt dann an, ganze Bücher mit den Wahrheiten zu füllen, die er nunmehr durch einen Syllogieschluss der analytischen mit den synthetischen Urteilen erhält.[9]

So kann er dann leicht beim Wort *anfangen* anfangen: aktiv fängt die Ursache an (in fit), sagt er, weil passives Anfangen als Kausalität Ursache wird (fit). Jetzt braucht er nicht mehr zu fragen, warum er im Wort *Ur-Sache* schon die *Sache* präferiert (sie sozusagen 'urt', urtümlich macht). Kurz: er kommt auf diese Weise dazu, der Philo-

---

[8] Lacans 17tes Seminar ‚L'envers de la Psychanalyse', wurde mit ‚Die Kehrseite der Psychoanalyse' übersetzt, doch eigentlich geht es ums ‚anders herum' der Psychoanalyse, um ein Psychoanalyse verkehrt herum.
[9] Das Wort 'Urteil' beinhaltet nämlich in beiden Fällen häufig etwas sehr Verschiedenes.

soph seiner Zeit zu sein, der Professor, der Universitätslehrer, der Wissende. [10] Er sagt alles richtig, er weiß alles
ganz genau – und dies gilt durchaus auch für heute und
für alle anderen Wissenschaften – aber Kant sagt es nicht
gut genug! Nicht so, dass man es unmittelbar erfahren
könnte. Alles ist richtig gewusst, aber nicht gut kommuniziert, nicht gut vermittelt, nicht gut gesagt! (Es war
auch schon zu Kants Zeiten so, dass die Leser über seinen
Werken stöhnten).

Immerhin würde es Kant gefallen, wenn man so wie
Lacan es vorschlägt, mit dem Mangel, der Null, anfängt
und vom ‚Ex-Sistierenden‘ reden würde, indem etwas
‚sistiert‘ (beharrt) ‚ex‘ (außerhalb). Ein Gott zum Beispiel, den es dann – wie bei meinen katholischen Alten-
heimschwestern – gar nicht mehr so richtig gibt, weil
man ihn nur im ‚Ex‘ findet, wo er verharrt. Der katholische Religionsphilosoph R. Spaemann sagte daher, Gott
sei ein „unsterbliches Gerücht“. Das war nicht negativ
gemeint. Ein Jemand, von dem immer gesprochen wird
und werden wird, ist besser als das Bild eines alten Man-
nes mit Bart oder auch als ständige kathechetische Wiederholungen. Es geht also um jemanden, den es innerhalb
des Hier und Jetzt nicht gibt, der aber dennoch Körper
hat, aber einen ohne Gestalt, ohne Form, ‚ex‘ eben.

Der moderne Bewusstseins Philosoph T. Metzinger
schreibt dem Menschen ein ‚phänomenales Selbstmodell‘

---

[10] Kant, I., Kritik der reinen Vernunft, Reclam (1993) S. 499

zu, also ein eigenständiges Ich, eine bewusst-gefühlte Innenperspektive,[11] die Lacan auch ein ‚imaginäres Objekt‘ nennt. Metzinger geht vom Grauen des Leidens aus, in das hineinzublicken dazu führt, dass es auch in einen selbst hineinblickt, wie Nietzsche sagte.[12] Doch wirkliches Leiden kann nur empfinden und bei sich und dann auch noch bei anderen richtig einschätzen, wer noch weitere Kriterien als ein ‚imaginäres Objekt‘, als ein fest umrissenes Ich-Gefühl in sich erfüllt. Man braucht eine ‚Leidensmetrik‘, meint Metzinger, um Leiden in seiner Quantität und Qualität wirklich begreifen zu können, doch der Philosoph muss weit ausgreifen, um davon schreiben zu können, wie das Leiden nun wirklich vermindert werden könnte und wie man dann nicht mehr nur vom Bewusstsein, sondern von Bewusstheit, der Mitleidsbewusstheit, sprechen müsste.

Metzinger sieht zudem den Unterschied zwischen den imaginären und den symbolischen Objekten, also zwischen der perspektivischen, phänomenalen, an Erscheinung und Bild orientierten Ordnungen des bewussten Lebewesens und der am Wort, am Symbol, an der umfassenden Sprachwelt orientierten Ordnung, die z. B. ja auch dazu führen kann, dass man auch an einem Verlust von Würde schrecklich leiden kann. Selbst die ganze Menschheit, meint er, könnte an Würdelosigkeit leiden und zugrunde gehen, wenn man Klima- und Umweltfak-

---

[11] Metzinger, T., Im Ozean der Qualen, SZ vom 23. 4. 2021
[12] Nietzsche, F., Jenseits von Gut und Böse, DTV (1999)

toren nicht in den Griff bekäme. Für das erweiterte Bewusstsein, das so bereits in Richtung Bewusstheit drängt, indem es Mitgefühl und Mitbewusstheit beinhaltet, sind also auch Bezüge zur Komplexität der Sprache und des Sprechens notwendig.

Ich gehe jedoch nicht von einer politischen oder neuro-philosophischen Betrachtung aus, sondern von einer psychologischen, psychoanalytischen, unbewusst geistigen. In deren Sinne muss man ebenfalls das Bewusstsein von der Bewusstheit unterscheiden. Letztere kann noch im halbtoten Zustand vorhanden sein, wie man bei sogenannten Nahtoderlebnissen feststellen konnte. Der in einer Art von Ohnmacht Daliegende kann sich wie von außen her sehen und dies auch ganzheitlich erfassen, ist aber nicht wach-bewusst. Ähnliches existiert beim ‚Déjà Vu‘, der überzeugend starken Empfindung, etwas schon einmal genau so erlebt oder erfahren zu haben. Es ist kein Bewusstsein da, aber eine naive Bewusstheit, die man in einer Psychoanalyse sogar noch weiter klären kann, weil hinter dem ‚Déjà Vu‘ ein ‚Jamais Raconte‘ steckt, ein Nie Erzähltes, Verdrängtes, klassischer Fall eines ganz ‚anders herum‘.

Doch auch der mystische Ekstatiker ist in seiner Verzückung weit vom Bewusstsein abgekoppelt, er ist nach außen hin oft kaum noch wach und befindet sich dennoch in einer Art von Bewusstheit. Hier wird das Phänomen der Bewusstheit ohne Bewusstsein vielleicht noch deutlicher. Ich erinnere an den bekannten indischen Heiligen

Ramakrishna, der aus seiner Entrückung manchmal mit Gewalt zurückgeholt werden musste, so kataton, erstarrt, abgedriftet, wirkte er in seinen Meditationen. Mit Sicherheit ist hier die Nähe zur psychischen Krankheit zu spüren, aber allein mit einem Bezug auf psychische Extreme wird man der Bewusstheit nicht gerecht.

Um nicht in langweiliger Theorie zu ersticken, will ich gleich ein Beispiel dazu aus der eigenen Anwendung der *Analytischen Psychokatharsis* bringen, die wieder von einer anderen Seite her Klarheit ins Psychologische und Psychoanalytische bringen kann. Ich gehe vom Freud'schen Unbewussten aus, was auf das Gleiche zutrifft, man findet es nämlich nicht im eigenen Bewusstsein, denn es ist ‚ex' von einem selbst und doch zugleich das Innerlichste. Um das zu entdecken und auch dauerhaft am Laufen zu halten so wie die Vestalinnen im alten Rom das Feuer nie ausgehen lassen durften, braucht es heute eine zunehmend größere Mannschaft von Neuro-, Geisteswissenschaftlern und Psychoanalytikern, während ich es, dieses ‚ex', jedem Einzelnen zurückgeben kann. Denn nur der Einzelne kann die wahre Bewusstheit erreichen, wozu es eine Praxis braucht, von der eine Unze mehr wert ist, als eine Tonne Theorien, wie ein altes Sprichwort sagt. Theoretiker, Philosophen und Bewusstseinsforscher waren für Freud sublime Hysteriker; sie versuchen nur aus sich selbst heraus durch ein Hochschrauben der eigenen Gedanken die Wahrheit über das

Sein, den Menschen, die Liebe, den Tod, etc. zu begrün-
den.

Als ich das Verfahren, das also meditative und psychoanalytische Methodik verbindet, wieder einmal ausübte,
bemerkte ich nach etwa einer Stunde solch einer Kon-
zentrationsübung nicht nur eine deutliche Entspannung,
sondern auch eine physisch spürbare Konzentration in der
Körpermitte, die sich nach oben hin über den Kopf hinaus wie zu einem stets höher werdenden, auch angedeutet
visuell sichtbaren ‚Berg' entwickelte. Abgesehen von
einer gewissen Mächtigkeit (nicht Macht) dieses Bildes,
dieses imaginären Eindrucks, befand ich mich auch in
einem äußerst angenehmen Zustand und gleichzeitig in
irgendeiner Art von Gewissheit, ein uraltes Symbol wie-
dererweckt zu haben.

Diese ‚Bergerfahrung' schien nämlich ganz körpernah
gewesen zu sein, ‚leibhaftig' wie man früher sagte. Physisch spürbar. Es ging also um einen Bezug zum Unbewussten mehr auf der Ebene unbewusster Körperbilder,
während in der herkömmlichen Psychoanalyse mehr die
Ebene unbewusster Phrasen im Vordergrund steht, weshalb Lacan sagt: Es *Spricht* im Unbewussten.. Dieses
nach innen Projizierte, das Somatoforme meiner Erfahrung, übermittelte sich aber wie ein Es Fühlt, Es *Strahlt*,
Es Chillt.[13] Die Körperbilder sind unbewusste, aber eben

---

[13] Es hat etwas mit dem körperhaften ‚Durchrieseln' zu tun,
das man von tiefer Emotionalität, z. B. beim Hören eines be-

‚leibhafte' Aspekte, die die gleiche Wichtigkeit haben wie die erwähnten unbewussten Phrasen.

So weiß ich als Psychoanalytiker, dass man diesen ‚Berg' auch als Phallus-Symbol deuten kann, als die übliche Phrase, das Wort-Wirkende des ‚phallus symbolique', wie Lacan Es (diese Wappenfigur des Freud'schen Es) in seinen psychoanalytischen Seminaren ständig nannte.[14] Mein ‚Berg' hatte jedoch neben dem heraldisch Symbolischen auch etwas Imaginär-Reales (bildlich Leibhaftiges) an sich. Denn es handelte sich ja nicht – oder nicht im Wesentlichen – um eine Erinnerung oder um eine Phantasie, die ein phallisches Begehren artikuliert, sondern um etwas ein bisschen mehr Substanzielles, Bild-Wirkendes, ‚Visions'-Artiges. Mit einem Bezug zur Wissenschaft Freuds kann ich diese Beschreibung voll von früheren Darstellungen in Mystik, Religion, Yoga oder bei heutigen Esoterikern gut abgrenzen. Denn ich werde meine ‚Bergerfahrung' in Anlehnung an bildwissenschaftliche und psychoana-

---

wegenden Musikstückes, her kennt. Ich nenne es deswegen auch ein Es Scheint, Es Zeigt, Es *Strahlt*.

[14] Viele verstehen nicht, was ein symbolischer Phallus sein soll. Er bedeutet und symbolisiert, sexuelles Begehren. Als die französische Justizministerin R. Dati statt von Inflation von Fellatio sprach, war klar, dass dieser verdrängte Bedeutungsmacher, symbolischer Signifikant (und nicht vorwiegend Reales oder Imaginäres) hier interveniert hatte.

lytische Vorgehensweisen präzisieren. Vor allem werde ich dieses *Strahlt*-Phänomen mit dem des Es *Spricht* verbinden, wodurch eine wissenschaftliche Festigung erreicht wird.

So bilde ich hier schon einmal ein derartiges *Formel-Wort* ab, das bei der ersten meditativen Übung der *Analytischen Psychokatharsis* verwendet wird und ich in dem Beispiel mit dem ‚Berg‘ auch verwendet habe. Es enthält mehrere Bedeutungen in einem einzigen (hier im Kreis geschriebenen) Schriftzug.[15] Die Bedeutungen überlappen sich, so dass der Schriftzug als solcher gar nichts sagt, es liegt eine ‚Überdeterminierung‘ (Mehrfachaussage) vor, wie man sie aus der psychoanalytischen Traumdeutung kennt. Doch dies ist gerade von Vorteil, weil so das Unbewusste, das rein strukturell genauso aufgebaut ist wie das *Formel-Wort*, gereizt, provoziert und geweckt wird, seine, und das heißt jetzt auch unbewusst meine, mich betreffende, Bedeutung herauszugeben (wozu eine zweite Übung dienen wird).

Denn ich messe meiner ‚Bergerfahrung‘ nur eine beiläufige Bedeutung zu. Für mich besteht in dieser ‚Erscheinung‘, in diesem Imaginär-Realen, ‚Visions‘-Ähnlichem, nur ein kleiner Teil meines Verfahrens. Der gefühlte, ‚chillende‘ ‚Berg‘ stellt lediglich etwas Kathartisches dar, also ein befreiendes, reinigendes, rein bildlich-reales, klärendes Erleben dar, das keine präzise Aussage ermög-

---

[15] Inhalt und Einzelheiten zum *Formel-Wort* in Kapitel 3.

licht. In der Theorie Freuds würde ich solch eine Erfahrung nahe an der Stelle einordnen, die Freud als Vorstellungsrepräsentanz bezeichnete. Dort ist die Triebkraft – hier jetzt die des Wahrnehmungs- bzw. Schautriebs – direkt psychisch repräsentiert, was von dort ausgehend dann üblicherweise zu einem ungesteuerten Affekt oder zu Abwehrmechanismen führt (wenn der Trieb nicht ertragen und ins komplexe Denken oder in Symptome verschoben wird).

Dennoch ist dieser also mehr dem Imaginär-Realen, dem Bild-Wirkenden zuzurechnende Anteil wichtig. Er stellt sogar den Hauptteil des Buches dar, weil in der klassischen Psychoanalyse nur oder ganz betont, das Symbolisch-Reale, das Wort-Wirkende zum Zug kommt. Lacan hat dies ganz klar erkannt und versucht, mit geometrischen Figuren, Topologien, Knotenbildungen und zopfartigen Darstellungen dem Bildhaften, dem imaginäre Signifikanten (Imaginär-Realen) Gestalt zu geben. Doch blieb er selbst damit noch weit hinter der Schwergewichtigkeit des Wort-Wirkenden zurück. Das Bild-Wirkende selbst zu erfahren, eine Art von ‚Vision' zu haben, ja fast mit dieser kommunizieren zu können, hat etwas Großartiges an sich, das man nicht ganz unter den Tisch kehren kann.

Auch jemand, der mehrere Achttausender bestiegen oder der geistige und mathematische Höhen erklommen hat, mag eine durchaus vergleichbare ‚Bergerfahrung' haben, die genauso wie meine nicht der Weisheit letzter Schluss ist. Aber sich nach Erreichen des Gipfels zurückzulehnen und das Gefühl zu haben, über allem zu schweben, mag dem Imaginär-Realen exakt entsprechen. Das zugleich Physische und Geistige, der seelische Höhepunkt, erfüllt als Ereignis das Freud'sche Trieb-Struktur-Konzept mit seiner Ausgangs-, Objekt-, und Zieldynamik in unterschiedlicher und doch auch wieder gleicher, hauptsächlich auf das Bild-Wirkende gerichteten Weise. Man ist von einer ,Vision' erfasst, was fast einem Liebesakt entspricht.

In späteren Kapiteln werde ich genauer darauf eingehen, wie Lacan die Liebe exakt in diesen Zusammenhang mit dem Bild-Wirkenden stellt. Er will nicht dem üblichen Bla Bla folgen, mit dem in den menschlichen Beziehungen, aber auch im Geistigen oder sonst wo geredet, geschrieben und gefilmt wird. Er will nicht wie der Regisseur M. Haneke in seinem Film ,Liebe' einen trickreichen Plot aufführen, in dem ein alter Mann seine ebenso alte, demente Frau hingebungsvoll betreut, ihr am Ende aber ein Kissen aufs Gesicht drückt. Vom Titel angefangen bis zu allen Gesten suggeriert nämlich Haneke seinen Zuschauern, dass diese sogenannt ,erlösende Geste' den Höhepunkt, ja gerade die Liebe ,anders herum' vermittelt. Aber es ist nicht wahr. Wie ich an anderer Stelle ausführlicher argumentiert habe, erstickt der Mann grausam, mitleidslos seine Frau. Er selbst wird als besonders liebevoll Pflegender dargestellt, ist jedoch im Grunde genommen ein Narzisst, er hat sich überfordert und die Liebesgeste ist pervers.[16]

Dagegen ist Lacans Liebe das Gewebe, das hinter dem psychoanalytischen Akt steht, fast unsichtbar und auch nicht sagbar, denn die in der Psychoanalyse auftretende Übertragungsliebe ist neurotisch. Der Patient überträgt auf den Therapeuten unbewusste Bedeutungen in positiver, liebender Weise, aber dieser Vorgang ist inadäquat, die Übertragung hat nichts mit der wirklichen (wort-wirkenden) Beziehung zwischen Therapeut und Patienten zu tun. Als Übertragung resultiert sie aus der Unterstellung, dass der Therapeut das Wissen hat, um was es beim Patienten geht, speziell auch das Wissen vom wahren Geneißen. Übertragung / Unterstellung, ersteres ist aufs Wort-Wirkende bezogen, letzteres aufs Bild-Wirkende, es gibt eine Schaukelbewegung. Bei der Liebe zum ‚Bergerlebnis' ist es nicht anders, wenn auch nicht so neurotisch. Es verhält sich einfach mehr ‚visionär', was auch nicht ungefährlich ist.

Es geht also um ein ‚anders herum' der Liebe, um ihr verführerisches, aufregend Imaginär-Reales, Bild-Wirkendes, dem auch ein ‚anders herum' des Todes korreliert. Dieser hat wiederum seinen Schwerpunkt im Symbolisch-Realen, im Wort-Wirkenden, weil – wie Freud argumentierte – er seinen Höhepunkt im Mord am Vater verwirklichte, indem die Söhne ihm die Frauen

---

[16] Hummel, G., v. Zweimal den Tod überlisten, BoD (2020)

neideten.[17] Später hätten sie diese Tat bereut und aus Schuldgefühlen den Vater in den Rang eines Gottes erhoben. Das ist richtig und logisch, ich habe jedoch eine ‚anders herum' Version des Todes. Die große bedeutende Vaterfigur wurde nicht ermordet, sondern negiert und vergessen.

Eher war es so, dass über viele Generationen hinweg Geschichten von ihm weiter und weiter erzählt wurden. Dabei verblasste aber die Wirklichkeit und er wurde so ins Jenseits entrückt und galt als nie ganz gestorben. Man hat diesen Vater nicht aus Schuldgefühl erhöhen müssen, sondern aus Scham darüber, dass man ihn mehr und mehr missachtet und sein Bild und seinen Blick vergessen hat. Für Liebe und Tod gibt es sozusagen ein normal und ein ‚anders herum'. Im normalen ist der Tod stets Begleiter aller Geschichten, die Liebe dagegen vermittelt der Inhalt. ‚Anders herum' jedoch erzeugen sie eine Art dieser nun schon mehrfach diskutierten Bewusstheit, seelischen Erfülltheit, die man früher nur so ausdrücken konnte, dass man die Liebenden nur im Tod vereint sein ließ wie z. B. in Verdis Oper Aida oder Puccinis Tosca.

Bekanntlich hatte Freud mit der Hypnose angefangen, Patienten zu behandeln. Er schickte sie in den Scheintod, von wo aus sie Verdrängtes erinnerten und ohne Hemmungen, sozusagen schamlos, Reden davon führen konnten. Doch die Patienten genossen diesen Zustand der

---

[17] Freud, S., Totem und Tabu, GW IX, Fischer (2001)

Regression in die frühesten Lebensphasen, sie versetzten sich selbst in die erfüllte Bewusstheit, und wieder aus der Hypnose erwacht wollten sie von den aus dem Unbewussten her Erinnertem nichts mehr so richtig wissen. Schließlich wollte Freud von diesem primären Genießen, dem die Patienten sich in Abhängigkeit seiner hypnotisierenden Stimme hingaben, Abstand nehmen. Die kathartische Trance – meinte er – führte die Patienten zu weit vom therapeutischen Vorgang weg, und so gab er die Hypnose zugunsten des offen Symbolischen, des mündig Wort-Wirkenden auf. Freud ließ seine Patienten von vornherein ‚frei assoziierend' sprechen, möglichst so spontan, wie wenn sie in Trance wären.

Durch das spontane Sich-Aussprechen blieben die Patienten mündiger, bewusster, ernsthafter und konnten sich nicht mehr so abwertend den unbewussten Wahrheiten entziehen. Die in der Hypnose gesehenen Szenen von sich selbst konnten sie bagatellisieren (es war ja nur ein Film, sagten sie), beim verhaspelnden Sprechen des ‚freien Assoziierens' aber tauchten die Hinweise auf das Unbewusste, selbst wenn sie entstellt waren, in einer Weise auf, dass sie bewusst besprochen werden konnten. Sie mussten vom Therapeuten nur noch ein bisschen zu Recht gebogen bzw. gedeutet werden. Aber die wundervolle Katharsis, in der sich die Patienten baden konnten, gab es nicht mehr.

Ich deute Freuds Vorgehen so, dass es bei der Hypnose um eine Liebe ‚anders herum' ging, die mit dem Tod (dem wie Scheintoten in der Hypnose) einen Deal einging. Im entrückten Reich der Lüste war selbst der Tod ein Platzhalter für die Liebe. In der Halbwachheit der Hypnose waren die Patienten dem Wegdriften, dem sich wie ins Sterben fallen lassen nahe, und hatten kein Problem damit die frühkindlichen Triebereignisse zu erinnern und sich selbst in lasziven Liebesgefühlen zu baden. Je näher sie der „Wonne des Todes" kamen, die es – laut Lacan –„in der Liebe immer gibt",[18] desto mehr liebten sie, erregten sie sich, verfielen sogar dem Klang der väterlichen Stimme des Therapeuten.

Später, nach dem Verlassen der Hypnose und angekommen in der Psychoanalyse, bzw. in deren klassischer Form, siegte die Vernunft. Der Tod wurde wieder zu dem, was er immer schon war, der – wie erwähnt – pessimistische Teil des Lebens, in dem Liebe nur ein Schattendasein führte. Weder Therapeut noch Patient dürfen stärkere Liebesgefühle haben, denn absolute Neutralität ist vorgeschrieben. Es darf von der Liebe geredet werden, aber sterben in ihr, Bewusstheitserfüllung, ist nicht erlaubt. Im Verfahren der *Analytischen Psychokatharsis* verwende ich jedoch die befreiende, seligmachende Katharsis in einem anderen Sinne, in dem sie konstruktiv genutzt wird und bringe so das ‚anders herum' wieder in einer neuen Form ein. Die Katharsis ist ein ‚l'amourire'

---

[18] Lacan, J. Die Übertragung, Seminar VIII, Sitzung vom 15. 5. 61, wo Lacan ergänzt, dass es „die Wonne des Todes in der Liebe nur dann gibt, wenn man ihn sich nicht selbst auferlegt".

wie Lacan sagt, ein Sterbenlieben, das als Voraussetzung für das Auftreten der *Pass-Worte* gilt. Das sind Worte, die bei der Anwendung des Verfahrens angeregt durch die *Formel-Worte* aus dem Unbewussten kommen, und die den Vorgang dieser Selbstanalyse krönen, indem sie zu einer definitiven Aussage führen.

Für mich befördert die Katharsis nicht nur das Imaginäre, Bild-Wirkende, sondern leitet durch ihr stimulierendes Strahlen, ihr Bewusstheitserfüllendes, in konzentrierter Form zum Symbolischen, zum Wort-Wirkenden über, wenn man ihr eine wissenschaftlich begründete Führung gibt. Denn das Symbolische aus dem Unbewussten, also das, was im Unbewussten selbst spricht, kann beispielsweise viel besser als durch ‚freies Assoziieren' und Deuten (auch von Träumen) durch den direkten Anstoß bzw. Anbahnung mittels der *Formel-Worte* herausgeholt werden. Die *Formel-Worte* selbst sagen wie erwähnt nichts, sie stoßen den Symbolisierungsvorgang nur an. Doch sie tun dies nur in elementar-sprachlich strukturierter Form, und mehr ist ja auch nicht nötig. Sie sollen nicht nur wort-wirkend, sondern auch bild-wirkend tätig sein, um das ebenso aufgebaute Unbewusste herauszufordern. Sie sollen nichts suggerieren, nicht lediglich Bewusstsein fördern.[19]

---

[19] Schon der Philosoph M. Heidegger meinte, „Die Sprache spricht im Menschen". Lacan verdichtete dies zu einem „Cà parle dans l'inconscient', Es *Spricht* im Unbewussten.

Damit habe ich einen Schritt in die Richtung getan, mit dem sich die Psychoanalyse seit jeher schwer tut. Mit ihrem Hauptgewicht auf der Sprache und dem Sprechen, dem Wort-Wirkenden, muss sie den Mangel am Bild-Wirkenden durch sprachliche Konstrukte ausgleichen: durch sogenannte ‚Enactments‘, durch Gegenübertragungen und durch Deutungskonstruktionen, alles Maßnahmen, die nicht der sonst notwendigen Sprachlogik folgen. Lacan hat diesen Mangel wie erwähnt durch geometrische Zeichnungen, Topologien und Schnurgeflechte auszugleichen versucht, auf die ich jetzt kurz eingehen werde und damit meinen ‚Berg‘ als doch nicht ganz so unwichtig interpretieren kann.

Ein kurzes Verweilen in dem imposanten Ereignis dieser Art von ‚Vision ist viel wert, auch wenn es noch – wie angekündigt – durch solch ein *Pass-Wort* ergänzt werden muss. Dann aber verkürzt es das lange drum herum Reden der herkömmlichen psychoanalytischen Sitzung, auch wenn diese sehr interessant und intellektuell reichhaltig ist. Der Heilung sei sie ohnehin nicht sehr förderlich, wie Freud sagte. Nun, vielleicht ist das auch in der *Analytischen Psychokatharsis* nicht immer so ausgeprägt.

2. Lacans Dreier-Zopf

Wie schon berichtet geht Lacan von der grundlegenden Dreiheit des Imaginären, Bild-Wirkenden, dann des Symbolischen, Wort- Wirkenden und schließlich des Realen aus und stellte dies in der Konstruktion seines Borromäischen Knotens (abgekürzt Bo-Knoten) dar. Er ist ein Modell der menschlichen Seele, die sich spalten kann so wie der Knoten sich auflöst, wenn nur einer der drei Schlingen (und damit deren Bereiche) ab- bzw. aufgetrennt wird.[20] Die Abbildung unten zeigt alle möglichen Bezüge, doch man muss nicht alle in jeder Einzelheit kennen. Imaginäres und Symbolisches zusammen erge-ben den Sinn, wie es sich an der Schrift am besten zeigt. Das Le-ben als solches, das Vitale, ge-hört dem Realen zu, indem es das vermittelt, was immer an seinem Platz ist. Denn es ist ohne Riss,

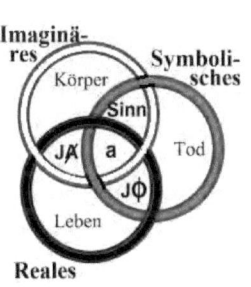

ohne Struktur. Es ist das immer hinter aller Realität wirkende Leben.

Doch zurück zum ‚Berg‘, der sich in meinem Erleben also zwischen Imaginärem und Realem abspielte, denn er hatte etwas Vitales (Leben) an sich, war aber auch kör-

---

[20] Ich verwende das altertümliche Wort Seele, um das Umfassende des Bewussten und des Unbewussten auszudrücken.

perhaft fühl- und, spürbar. Damit spielt das von Lacan als JꞀ, ‚Jouissance de *l'Autre*‘, bezeichnete Genießen eine entscheidende Rolle. *L'Autre,* der *Andere,* von Lacan auch durch das schon zitierte „çà parle dans l'inconscient" (Es *Spricht* im Unbewussten), dem – so Freud – ein Wissen ohne Kalkulieren, Denken oder Rechnen zugehört. Nicht sein eigenes Wissen, sondern dieses Wissen aus dem Unbewussten seines Patienten benötigt der Psychoanalytiker, und darum, nämlich dass es irgendwie in Träumen, Versprechern und Assoziationen erscheint, muss er sich bemühen. *L'Autre*, der *Andere,* ist nicht perfekt (daher der Schrägstrich im **A**), die Verinnerlichungen der Eltern, der Bezugspersonen, der Lehrer bis hin zum Analytiker haben zu seiner Entste-

hung im Inneren eines jeden Menschen bei-getragen und stecken somit unbewusst vor-borgen darin. Nun kann Er/Es, l'Autre, indes nicht nur sprechend auftreten sondern auch bildhaft in Form eines ‚Berges‘ erscheinen, behaupte ich.

Denn um den ‚Berg‘ zu erfahren, konnte ich den von Lacan zu einem Zopf – Dreier-Zopf nennt er es – gewickelten Bo-Knoten ver-wenden (Abb. nebenan).[21] Es handelt sich um die exakt gleiche Verschlingung der drei

---

[21] Lacan, J., Seminar XXI, Vortrag vom 12. 3. 1974, Staferla free, wo auch die Abbildung gezeigt ist.

kategorischen Schlingen, Stränge, Schnüre wie beim Bo-Knoten, und nach einer sechsfachen Verknotung haben sie wieder die Ausgangsposition mit dem kleinen **a** in der Mitte erreicht. Klein **a** stellt das (psychische) Objekt des Begehrens dar, das jedes Mal anders beschaffen sein kann, als das Orale z. B., also als die Mundlust, die der Gourmet zur Paranoia des Gaumenkitzels ausbaut, oder als der Blick wie in meinem ‚Berg‘. Nun wäre der Blick, die Erscheinung des ‚Berges‘ genauso wie die anderen erwähnten ‚Bergerfahrungen‘ tatsächlich nicht viel wert, würde sie nicht durch eine besondere Anstrengung, Kunst oder wie in meinem Fall dadurch entstanden sein, dass ich sie mit dem Zopf des *Formel-Wortes* erzeugen konnte. Denn das *Formel-Wort* ist ja ebenfalls von verschiedenen Bedeutungen her – sozusagen linguistisch – gewickelt worden, exakt strukturgleich, wie Lacans Dreier-Zopf.

Lacans Zopf erinnert ein bisschen an Münchausens Schopf, mit dem dieser sich selbst aus dem Sumpf ziehen konnte. Und tatsächlich, sich meditativ aus dem Unbewussten anhand überlappter Phrasen heraus und in die Höhe eines ‚Berges‘ ziehen zu können, klingt ähnlich, ist aber doch etwas ganz anderes. Ich komme darauf noch ausführlich zurück, denn sonst würde ich schon fast alles verraten haben, um was es in diesem Buch geht. Insgesamt hat der ‚Berg‘ allerdings noch keine logisch gesicherte Botschaft, genauso wenig wie Münchausens Höhenflug. Kein Es *Spricht* des groß zu schreibenden **A**, von *l'Autre,* findet sich darin, der ,Berg' ist nicht genug Wort-Wirkendes, reifes Symbolisches, sondern nur Erscheinung, Bild-Wirkendes, auch wenn es – wie der Philosoph W. Seitter sagte – eine Erscheinung mit Bedeutung, mit Beeindruckendem, Maßgeblichem ist.[22] Es *Strahlt / Spricht* indessen nicht ausreichend definitiv. Aber vielleicht annähernd, vorbereitend, suggestiv und vor allem strak beeindruckend.

An dieser Stelle nämlich (und speziell im einundzwanzigsten Seminar) führt Lacan den Bezug zu Liebe und Tod ein, weil eben auch die Liebe nichts ist, das sich definitiv sagen lässt, während beim Tod alles schon vollkommen artikuliert erscheint. Er will immer das letzte Wort haben und würde es auch bekommen, wäre da nicht die Liebe ,anders herum', die seinen Hang zum Rückzug, seine Neigung zur Regression, seine Sucht zur Finsternis und alle diese Dinge ausnützt, um sich entfalten zu können. Die Liebe ,anders herum' braucht die leidenschaftlichen, aber auch die leidensbehafteten Verstecke, die Versunkenheitszustände, die leichten Absencen und Ohnmachten sowie das Bild-Wirkende der Bewusstheit, die ganz große Ästhetik.

Freud ist von der Libido als einer Kraft ausgegangen, die sich ans eigene Ich oder an Objekte außen binden kann, und nur ein derart gelungenes Gleichgewicht von „Ichlibido und Objektlibido" nennt Freud Liebe. Das war etwas

---

[22] Seitter, W., Physik des Daseins, Sonderzahl (1997) S. 213-14

dürftig. Wo bleiben die Exzitationen über die ganz großen Liebenden der Weltliteratur, die der Götter und Göt-
tinnen, der verbotenen und unterdrückten Lieben oder gar
die eines lustvollen Schöpfers von all dem? Wo bleiben
die Todessehnsüchte hoffnungslos manisch Verliebter,
wo die lebenslang in Liebe versunkener Eremiten und vor
allem die der ‚Visionäre‘, der Weisheitsschauer und Zu-
kunftspropheten? Sie waren doch alle verzückt, vernarrt
und wie intoxikiert in den Blick nach dem ‚anders herum‘
von Liebe und Tod. Für die Liebe ist keine Wissenschaft
zuständig außer der Ästhetik, dem Bild-Blick-Wirkenden,
dem *Strahlt* in seiner Fülle. Das schließt sogar den Tod
ein.

In der Psychoanalyse wird eben nur gesprochen, die Worte werden zwar selbst wenn sie verdreht und unsinnig
sind, bis zum geht nicht mehr aus dem Unbewussten zu
entschlüsseln versucht und zwischen Patienten und
Therapeuten als dem Hauptmedium ausgetauscht. Aber
es bleibt beim Wort. Symbolisches in geringer Verbindung zum Realen beherrscht das Feld, in dem JΦ, die
‚Jouissance phallique‘ (Φ, griechischer Buchstabe Phi als
Abkürzung) den entscheidenden Angelpunkt darstellen.
Für die Liebe ist im Bo-Knoten scheinbar kein Platz re-
serviert, und doch umgibt den Knoten ein Fluidum amouröser Art, weil man ihn lieben muss, will man sich selbst
erfahren, erkennen und wissen, bevor der Tod alles ver-
murkst. Man muss ihn als Ganzen lieben, sozusagen in

seiner Unlesbarkeit, das heißt in seiner topologischen
Schönheit.

Genau darum geht es, wenn ich sage, der Psychoanalyse
fehlt das Bild-Wirkende, das ‚Visionäre‘ oder das – wie
ich es später noch definieren will – ‚Ikonische‘. Ich habe
bereits erwähnt, dass Lacan mit den Figuren, den Schlin-
genbildungen und Umstülpungen der Topologie versucht
hat, dem Bild-Wirkenden etwas gerecht zu werden. Aber
er verbleibt in der Theorie. Niemand traut sich heute
mehr so wie früher die ‚Seher‘, die Mystiker, die Visionäre direkt ins Uferlose der Blicke, Bilder und Formen zu
springen, weil – zugegeben – zu viele damit gestandet
sind. Speziell aus diesem Grund hat man angefangen
Wissenschaft zu betreiben. Die sogenannte Bild-
Wissenschaft ist jedoch ein nüchternen, trauriger ebenso
rein theoretischer Kram. Man braucht Praxis.

Das in meinem ‚Berg‘ so eindrucksvoll Bild-Wirkende
und Reale kann in der herkömmlichen Psychoanalyse
sicherlich nur schwer verstanden werden. Aber ich werde
es noch verständlicher begründen. Vorerst muss genügen,
dass das ‚Bergerlebnis‘ so phantastisch war, dass ich
davon sprechen muss. Und ich musste es auch nach kurzer Zeit wieder abbrechen, denn mir war klar, dass man
sich in derartigen ‚Visionen‘ auch vollkommen verlieren
kann, wenn man ihnen zu viel Wert beimisst. Nun war
der von mir visualisierte ‚Berg‘ nicht trockene Theorie
oder Topologie, sondern eben lebensnah, er bewegte sich
ein bisschen, er wuchs, er beglückte. Liebe war da, aber

ohne erfüllende Klarheit, ohne bestätigende Headline, ohne Wahrheitsprüfung, ohne erfüllende Bewusstheit – zumindest für den Moment.

Auch wenn die ‚Bergerfahrung' nur episodisch und ganz subjektbezogen ist, die Direktheit der Erfahrung kann mit der Theorie dennoch gut mithalten. Sie ist ein genauso gesichertes Teilstück der Beweisführung, ist Bestätigung und Gewissheit. Immer deutlicher wird dadurch, dass es beides neben- und miteinander braucht: das Wort-Wirkende *Spricht* und das Bild-Wirkende *Strahlt*. Und man kann sie eben nicht in der klassischen Sprechzimmersituation auf der Couch alleine erreichen, sondern sie muss in einer eigenen praktischen Übung zusätzlich verwendet werden. Dafür wird der Therapeut nur im Hintergrund oder auch kaum mehr benötigt.

Er ist ohnehin oft nur hinderlich. Lacan meinte, dass eher der Therapeut als der Patient für den bekannten Widerstand gegenüber der Aufdeckung der Wahrheit im therapeutischen Vorgehen verantwortlich ist. Wenn er zur falschen Zeit hustet, sich räuspert oder stark bewegt, zu früh oder unpassend etwas sagt, seine Stimme bedrohlich wirkt und er vor allem mit seiner Gegenübertragung stört, stört dies auch die Therapie.[23] Letztendlich ist aber die

---

[23] Die Gegenübertragung ist eine Reaktion des Psychoanalytikers auf das, was der Patient an Bedeutungen auf ihn überträgt. Sie besteht nicht in logisch abgeleiteten Deutungen, sondern in intuitiv geäußerten Gedanken des Therapeuten.

Zusammenführung der beiden Grundelemente (*Strahlt /
Spricht*) in der Praxis das Entscheidende, und da gehört
das *Strahlt* des ‚Bergs‘ dazu wie auch das *Spricht* seiner
Bedeutung. Ich werde noch mehrmals diesen wichtigen
Punkt erörtern. Denn alle Autoren in Philosophie und
Psychoanalyse haben nur Argumente, ermöglichen aber
nicht die reale Zusammenführung in der Praxis.

Der klassische Psychoanalytiker wird meine Argumentation dennoch nicht vollkommen anerkennen. Er wird z.
B. sagen, dass Gewissheit auch wahnhaft, paranoisch,
sein kann. Das will ich nicht ganz ausschließen. Schon
der bekannte surrealistische Maler S. Dali sprach von
seiner ‚paranoisch-kritischen Methode‘ als einer Interpre-
tationsweise seiner Kunst. So ist beispielsweise das Bild
seiner wachsweichen Uhren, die er ‚Die Beständigkeit

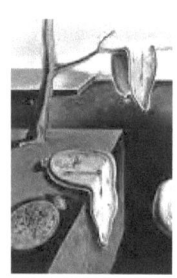

der Erinnerung‘ betitelte, meist auch
ohne diesen Titel verständlich. Wie
der Bildausschnitt nebenan zeigt, vergeht die Zeit nicht so linear, wie uns
die üblichen materiellen Uhren vermitteln wollen. Je nach Kurz- und
Langweil, je Hast und Apathie können
sie sehr stark variieren.

Die Zeit ist wachsweich – paranoisch-kritisch in Dalis
und Einsteins Sinne gesagt. Nun ändert dies nichts daran,
dass es eben auch die scheinbar lineare Zeit gibt, die für
unsere heutige Kultur so bestimmend ist. Man muss stets
die beiden Zeiten zusammenbringen. Die Gewissheit, die

Erinnerung, das Bild, das *Strahlt*, das Imaginäre ganz generell, sind keine wissenschaftlich gesicherten Beweise. Sie sind nur zur Stützung des Wort-Wirkenden, des *Spricht* enorm wichtig, das heißt, beide müssen sich gegenseitig stützen, und damit kommt man bestens an der Paranoia vorbei. Doch dieses Problem gibt es auch in der klassischen Psychoanalyse.

Wenn ich das Imaginär-Reale für sich allein und genauso meine eigene ‚Bergerfahrung' als isolierte für die Verwendung in der *Analytischen Psychokatharsis* kritisch ansehe, gilt gleiche Kritik auch für die Psychoanalyse. Da man dort nur auf das Wort-Wirkende setzt, und das, was auf den Therapeuten übertragen wird, inadäquat ist, spricht man von Übertragungsneurose, also einer künstlich gesetzten Neurose. Diese muss dann eben wieder beseitigt werden, indem man treffende Übertragungsdeutungen gibt. Das klingt ziemlich umständlich. Sollte meine ‚Bergerfahrung' etwas Künstliches an sich haben, so wohnt in dem einseitigen Sprechen in der Übertragung zum Therapeuten auch etwas Künstliches. Trotzdem sind beide Schritte gerechtfertigt, denn man bleibt ja in beiden Fällen nicht vollkommen bei der Einseitigkeit, sondern eher bei der Eins-Seitigkeit, bei die Eins als unum purum Schwerpunkt ist.

Nochmals: wegen dieses Künstlichen in der Psychoanalyse, dieses Mangels am Bild-Wirkenden in ihr, das zu den erwähnten ‚Enactments' und Deutungskonstrukten führt, hat der Psychoanalytiker H. Will sogenannte

‚Mikroregressionen' beschrieben.[24] Therapeut und Patient sollen zusammen regredieren, also in frühere oder elementarere Seelenzustände gemeinsam zurückfallen. Man sollte zusammen träumen, zusammen spielerisch, albern werden können und Ähnliches mehr. Will zitiert auch A. Ferro, einen italienischen und etwas außenseiterischen Psychoanalytiker, der schon lange vom ‚pensiero onirico della veglia' (Wachtraumdenken) gesprochen hat.[25] Auch Ferro gibt sich mit seinem Patienten diesem Wachtraumdenken hin und versucht dann rationale Schlüsse aus dem gemeinsam ‚oneirisch' (traumhaft) Erfahrenen zu ziehen. Doch dazu muss man viele solcher ‚pensieri onirici della veglia' sammeln, viele in vielen Therapiestunden, was die Sache nicht nur traumhaft, sondern auch langwierig und teuer macht. In der *Analytischen Psychokatharsis* ist das Wachtraumdenken durch das extrem Formale der *Formel-Worte* schon antizipiert, schon vorgesteuert.

Es geht letztlich um das Gleiche wie in meiner *Strahlt/Spricht*-Vision, nämlich um das in der Psychoanalyse so sträflich vernachlässigte Bild-Wirkende, das Imaginär-Reale, für das Will nun also Ausgleichswege sucht. Wie sie aber endlich zu den klar symbolisch ausgedrück-

---

[24] Will, H., Regression zum Träumen, PSYCHE Nr. 7 (2021) S. 561 – 591. Regression bedeutet Rückkehr zu elementareren psychischen Entwicklungszuständen.
[25] Ferro, A., Pensieri di uno psicoanalista irriverente, Raffaelo Cortina (2017)

ten Inhalten führen, wird ähnlich wie bei Ferro nicht ganz klar. Zwar betont Will, dass der Kontakt zu Verdrängtem erleichtert, die emotionale Verarbeitungsfunktion des Analytikers angeregt und auch die Symbolisierung (Verwortung) angestoßen wird, doch klingt dies alles genauso vage wie mein ‚Berg‘. Denn dieser lässt ebenfalls Verarbeitungsfunktionen im psychoanalytischen Prozess zu, wobei diese sogar viel direkter zu konkreten Symbolisierungen führen, nämlich durch die erwähnten *Pass-Worte*, zu denen es in meinem Beispiel mit dem ‚Berg‘ jetzt zwar nicht gekommen war. Ich werde dies jedoch im folgenden Beispiel nachholen.

Dieses andere Beispiel für das also mehr dem Bild-Wirkenden, dem vom Schautrieb her dem *Strahlt* Zugehörigen, hat einer meiner Adepten, der die *Analytische Psychokatharsis* schon längere Zeit übte, vor kurzem erlebt. Aus einem Traum aufwachend – so berichtete er – hätte er für kurze Zeit, vielleicht für einige Sekunden, ein festes, also starr bleibendes Bild wahrgenommen, das ihn irgendwie stark berührte (siehe die von mir genau nach seinen Angaben gemalte Abbildung eines Baumes rechts). Es war also kein Traum mehr, sondern eine Art von ‚Vision‘ ähnlich dem erwähnten ‚Berg‘. Ich spreche damit dem Begriff ‚Vision ‘ den Bezug zum Realen nicht ab, doch ist dieser oft zu sehr von Konfession, vorgefertigter Anleitung

oder Ideen beherrscht. Die 'Vision' exakt am Punkt der Triebrepräsentation führt jedoch sofort zur Realisierung und Enthüllung und damit dem Zweck des Triebs und kann so psychoanalytisch anders aufgefasst werden.

Im Fall der 'Baumvision' schien es sich fast umgekehrt um etwas Unbewegliches gehandelt zu haben, aber dafür hob es sich vom heftig bewegten Traum umso besser ab. Ich sehe darin den gleichen Mechanismus, nämlich dem Bild-Wirkenden, dem Imaginär-Realen aus Lacans Knoten, ein elementar strukturiertes körperliches Leben geben zu wollen, eine bildliche Ordnungsmächtigkeit (erneut keine Macht, aber eine Stärkung, Festigung der Seele). Denn während der Traum rasch an einem vorbeizieht, ja taumelnd dahinrast, hatte dieses Verbleiben, dieses Insistieren eines wie ausgestellten oder betont gezeigten Bildes, des wahrhaft Bild-Wirkenden, eine leicht betörende, anmutende und stabilisierende Wirkung auf den genannten Adepten.

Hier soll ihm offensichtlich etwas vermittelt werden, hier wird nicht schnell das Traumprogramm durchgespielt, sondern etwas davon – jedoch absolut nicht unkontrolliert, sondern vom *Formel-Wort* in der Meditation geführt und gestützt – herausgehoben. Es handelte sich also um das Gegenteil der glatten visuellen Kommunikation in Form von Bildern, aber auch der zu lexikalisch geordneten Sprache. Freilich verschleiert das gemalte Bild die Echtheit des Realen, es sei denn, es könnte als große Kunst gelten. Doch hier, in den Übungen der *Analyti-*

schen Psychokatharsis, kommt es auf das direkt erfahrene Imaginär-Reale an, wozu ich betone, dass nur der Einzelne die Wahrheit seiner Identität – in Echtzeit und im Echt-Raum – wenn auch noch zusätzlich gestützt durch das Symbolische (*Formel-* und in diesem Fall durch das gleich zu erörternde *Pass-Wort*), erfahren kann.

Mein Adept hatte sofort den Eindruck, dass die übergroßen kugelartigen Gebilde Früchte des Baumes waren, aber wie künstlich irgendwo außerhalb her geschickte perfekt runde Kugeln wirkten. Mehr Seelisch-Geistiges (Kugeln) und mehr Biologisch- Natürliches (Baum) sollten so vielleicht verbunden gezeigt werden, meinte er selber und er spürte dies wie eine Mahnung, Offenbarung und heraldische Bestimmung, weil er im letzten Moment noch den Ausdruck ‚Mene‘ gehört zu haben glaubte. ‚Mene‘? Oder klang es nicht nach ‚Meine‘? Beides ergab für ihn Sinn und war somit ein echtes *Pass-Wort* bezüglich dessen ich noch weitere Beispiele und Erklärungen geben werde. Denn freilich hatte es mit seinem ‚Mene Tekel‘ zu tun, einer ganz persönlichen Deutung, die ich hier aus Datenschutz Gründen nicht weiter ausführen will.

Doch schon die Konsistenz, das kurze, aber irgendwie auch hartnäckige Verweilen des Bildes, wirkt ein bisschen wie ein ‚Mene Tekel‘. Genauso wie die Konsistenz des Bildes macht nun auch die Insistenz der Buchstaben die Kraft des unbewussten Triebs aus, also dessen Existenz.[26] Was sich hier stärker vom Schautrieb her als primär als visionsartiges Imaginär-Reales manifestierte, kann sich eben vom Sprechtrieb her genauso als Primär-Sprachliches, als Originalton des Unbewussten, als ganz primärer logischer Automatismus, als Es *Strahlt/Spricht*, äußern.[27]

Ich verzichte hier auch auf Freudianische Deutungen, über die ich mit dem genannten Adepten gesprochen habe. Er war Biologielehrer und Kunstliebhaber. Die Kunst des Malers aber auch die des ‚Visionärs' ist eine elaborierte Form des Bild-Wirkenden, sowie eine philosophische Abhandlung, aber auch reife, gelungene Poesie die elaborierte Form des Wort-Wirkenden ist. Der Künstler spürt den primären, bild-wirkenden Trieb, er spürt das in ihm stimulierende *Strahlt*, und setzt es dann durch seine von ihm selbst entwickelte Kunstform, die man hier seinen Stil nennt, in seine figurative oder abstrakte Maltechnik, um. Dem Horror des Kunstmarktes entkommt man allerdings nur, durch die Eigenästhetik der Bewusstheit.

Nicht anders der Philosoph, der den logischen Automatismus in sich aufgreift und mit reiner, immer weiter gesteigerten Gedankenarbeit zu einem elaborierten, geisti-

---

[26] Mit bildhaft-imaginärer Konsistenz, worthaft-symbolischerer Insistenz kommt hier also auch die Existenz des Realen und somit das Wesen des gesamten Bo-Knotens zum Zug.
[27] Lacan, J., Seminaire XVIII, 5. Vortrag

gen Werk verwirklicht. Und der Psychoanalytiker? Er geht ähnlich vor wie der Philosoph, nur dass er das *Spricht* auf unterschiedliche Weise bei sich (gleichschwebend aufmerkendes Zuhören) und seinem Patienten (frei Assoziiertem) aufgreift, um es in eine elaborierte Deutung, Interpretation zu bringen.

Es braucht also auch das Es *Strahlt*. In meiner Erfahrung brachte ich das primär Bild-Wirkende *Strahlt* ebenso in ein elaborierteres Ergebnis – in den ‚Berg‘, den symbolischen Olymp, den heiligen Kailash, für den ich einen klaren Namen (*Pass-Wort*) erst später verraten und diesbezüglich nur vorläufig von ‚Vision‘ sprechen will. Wenn ich keinen Namen dafür habe oder vielleicht auch gar nicht will, so weil das elaborierte Ergebnis sich an das Wesen der Deutung in der Psychoanalyse anlehnt, die ‚Vision‘ in der *Analytischen Psychokatharsis* aber etwas Wesentliches dazugibt. Darin liegt die notwendige Betonung der Praxis, die in der herkömmlichen Psychoanalyse zu kurz kommt. Freud selbst meinte deshalb, sie sei für die Therapie gar nicht so gut geeignet und diene vielmehr nur der Wahrheitsfindung.

Den richtigen Namen muss sich jeder selber geben, auch wenn dieser Vorgang in der *Analytischen Psychokatharsis* durch die sogenannten Identitäts- oder *Pass-Worte* erleichtert wird. Damit kann ich hier schon andeuten, dass ich nur die bekannte Hilfe zur Selbsthilfe bieten kann, und dass das entscheidende ‚anders herum‘ sich in jedem Einzelnen selbst ereignen muss. Ich kann nur durch wissenschaftlich begründetes Argumentieren zu der Überzeugung führen, dass es eine Praxis gibt, mit der das Wesentliche zu Liebe und Tod in einer so ‚anders herum' gestalteten Weise erfahren werden kann, dass keine Zweifel mehr bestehen, was sie bedeuten und wie man mit ihnen umgehen kann und wie *Pass-Worte* entstehen.

Die Liebe (‚anders herum') kann man in ihrer Aufgeregtheit so stehen lassen. Auch wenn man das Nichts liebt oder lieben muss, bleibt sie das tragende Element des Bild-Wirkenden, der Zwei in der Lacanschen Mathematik, der Symmetrie zweier Liebender. Den Tod (‚anders herum') dagegen lernt man zu vergessen, weil er immer viel zu früh als das absolute Ende gesehen wird. Er geht in der Vielheit der ‚Visionen' unter, er lebt nur von den Buchstaben, mit denen er gerufen wird. Für die nicht sprechenden Lebewesen gibt es den Tod nicht. Nur mit dem ‚anders herum' von Liebe und Tod kann das primäre Genießen, die besagte 'Jouissance', ihren Weg auch beim l'etre parlant , dem sprechenden Sein, finden.

Dazu passt auch die These des Wissenschaftsjournalisten S. Klein, die er in seinem neuesten Buch formuliert.[28] Er beschreibt als die wichtigste aller Eigenschaften des Lebens das Wesen der Vorstellungskraft und Kreativität, die schon die Primaten selbst mit ihrem noch kleinen Gehir-

---

[28] Klein, S., Wie wir die Welt verändern, S. Fischer (2021)

nen zu voller Blüte bringen konnten. Sie war verbunden mit dem ursprünglichen, dem autochthonen Genießen, und betrifft genau das, was ich oben mit Metzingers Bewusstheit zitiert habe, die eine Mitleid-, Mitfühl-, Mitsein- und Mitliebens-Bewusstheit ist. Das ‚anders herum‘ von Liebe und Tod benötigt nämlich eine derartige naive Bewusstheit. Mit zu großem Gehirn, mit zu viel verstandesmäßigem Geist, zu viel Intellekt, kann man weder das Genießen noch diese Bewusstheit haben.

Nun ist der Geistbegriff noch schwieriger zu handhaben wie der der Bewusstheit. So leicht wie der Philosoph F. W. Hegel kann man es sich nicht mehr machen. Für ihn war der Geist dreigeteilt: als absolut göttlicher stand er ganz oben, als subjektiv menschlicher war er den allgemeinen Leuten zu eigen und als objektiver Weltgeist galt er für Hegel selbst, der ihn objektiv, wissenschaftlich untersuchte. Für den modernen Erfolgsautor A. Damasio haben auch Ameisen Geist. Natürlich nicht den kulturellen oder wissenschaftlichen Geist des Menschen, sondern mehr einen primär-biologischen, instinktmäßigen.

Aber warum dann Geist dazu sagen? Warum sagt er nicht Liebe, was genauso kurios, aber einmal etwas anders, etwas ‚anders herum‘ gesagt wäre. Was er meint, betrifft die enorme neuronal netzwerkartige Struktur der Ameisengesellschaft, die den Tieren so komplexe Gemeinschaftsstrukturen ermöglichen, die gut entwickelten Staatsbildungen gleichen. Freilich kann man sich vorstellen, diese und ähnliche vielschichtige Lebensweisen von

Tieren wegen ihres hierarchischen und netzwerkartigen Aufbaus eine Art Geist zu nennen.

Aber bringt dies was? Hegel würde bei den Ameisen eher von der instinkthaften Organik der Natur reden, und ich würde statt vom Geist eben von dieser Bewusstheit ‚anders herum‘ sprechen, auf die es in diesem Buch weiter ankommen wird. Denn nicht nur für die Mitliebe, die übrigens auch Antigone, die Tochter des Ödipus, ins Zentrum ihres Lebens stellte, gilt das ‚anders herum‘ dieser Bewusstheit, auch für den Tod ist es von Vorteil, sein ‚anders herum‘ als Ausdruck der naiven, aber erfüllenden Bewusstheit zu sehen. Wenn Lacan sagt, der Psychoanalytiker sollte mit der Stimme eines Toten reden, so meint er das Gleiche, indem es um eine Stimme ohne menschlichen Klang, ohne vorgefassten Sinn, um eine Stimme der naiven Bewusstheit geht, in der Liebe, Tod und Genießen kurzgeschlossen sind (wozu ich weitere Erläuterungen noch geben will).

3. Ein Fest machen

In seinen Seminaren verkündete J. Lacan oft den Satz:
„Lieben heißt geben, was man nicht hat". Es ist wieder
das banale Lieben gemeint, denn selbst wenn man liebt,
wie kann man es dem anderen hinüberbringen, wie kann
man erreichen, ja sicher sein, dass er die gleichgewichtete
Liebeserfahrung hat wie man selbst? Und auch in dem
Fall, dass es etwas gibt, das von einem zum anderen als
gesicherte Liebeserfahrung, ja als Liebesbeweis gelten
könnte, beweist dies doch nur ein funktionierendes logisches System zwischen beiden, aber beweist es wirklich
die Liebe als solche, die Liebe per se? Was der Psychoanalytiker also meint, wenn er sagt, „Lieben heißt geben,
was man nicht hat", ist doch, dass man in der Liebe auf
einem Niveau gibt (ontologisch gibt), also auf dem Niveau eines Seins, wo der andere ein Haben liebt, so dass
man selbst fast gar nicht mehr geben muss, was als echtes
Liebes-Sein zu haben wäre.

Wenn die/der Liebende ein ‚lie . .‘ anklingen lässt, hat
die/der Geliebte ein ‚. . ben‘ schon längst dazugegeben,
denn das Ganze spielt sich hoch oben in einer Art von
Delirium ab. Es spielt sich im Imaginär-Symbolischen ab,
in den zwei Borromäischen Ringen, die für den Sinn
einstehen, der eben schon da ist, bevor er enträtselt werden sollte. Mag sein, dass vor allem das alltägliche Ver-
liebtsein, die Gefühlsliebe, das romantische Lieben ein
derartiges Lieben beinhaltet. Das schwärmerische Lieben

schließlich, das man dem anderen schenkt, ist tatsächlich etwas, was mit einem Sein ohne Haben oder einem Haben ohne Sein gut bezeichnet sein kann.

Denn geben wir wirklich – wie beispielsweise der heilige Georg – die Hälfte unseres Mantels, wenn es um Liebe zum Nächsten gehen soll? Unseres Pelzmantels z. B.? Wir geben Decken, Zelte und Milchpulver, wenn es in der dritten Welt zu Katastrophen kommt. Doch die Mädchen im Bosnienkrieg träumten nicht nur von einer warmen Decke, sondern sie rissen sich um das Bild aus einer Zeitschrift von Cartier; sie hätten auf manche Decke und Zeltplane gerne verzichtet nur für das Anprobieren eines Kleides von Armani oder Dior! Wer Hungerhalluzinationen hat, sieht nicht ein trockenes altes Stück Brot vor sich, das seinen Hunger stillen würde, sondern lukullische Speisen, Tische, die sich von Köstlichkeiten biegen. Warum bringen wir den Armen nicht die Hälfte unserer Sport- und Geländewagen, die Hälfte unserer Elektronikspielsachen oder Designer-Möbel? Das wäre doch wahre Liebe!

Aber Lacan paraphrasierte noch weiter und verkündete: „Geben, was man hat, hieße ein Fest machen". Unsere Pelzmäntel und Kleider von Massimo Dutti würden also auch noch nicht voll das erfüllen, was es mit der Liebe wirklich auf sich haben könnte, denn von ihr ist dann gar nicht mehr die Rede. Es muss noch etwas anderes geben. Nun ist es immer heikel und schwierig, oft ungeschickt und missverständlich, wenn man dann auf einen Minnegesang oder spirituellen Höhenflug anhebt und eine Liebe beschwört, die über alles hinausgeht und die die höchsten Lorbeeren verdienen würde. Auf der anderen Seite möchte ich gerne mit dem Wort Liebe etwas anfangen, wenn es damit gelänge dieses Imaginär-Symbolische ins Reale zu ziehen und damit also nicht nur zu geben, was man nicht hat, sondern was man ist oder zumindest was man deutlich zu sein suggeriert (wie man es vielleicht in meinem Beispiel mit dem ‚Berg' auch ‚sieht'(weil ich ihn liebe und er mich, um ein Fest zu machen).

Ich treffe oft Leute, Freunde, Verwandte, andere Ehepaare, und doch wird nie gesagt, um was es eigentlich geht, was mich und sie angehen würde, was das Verlangen stillen würde, das mich oder sie bestätigt, mich oder sie begreift. Selbst in meinen Psychoanalysen komme ich nur selten dahin, dass gut anvertraut, enthüllt, eingestanden – oder auch – dass gut geschwiegen würde. Dazu passt die Fallgeschichte einer meiner Patientinnen, die Wochen und Monate lang nichts oder fast nichts sagte. In den Anfangszeiten der Psychoanalyse schwiegen in solch einer Situation auch die Therapeuten, doch schon seit langem interveniert man mit konstruierten Deutungen, wie ich sie mit dem Begriff des Enactments und der Mikroregressionen schon erwähnt habe. Schade, denn im Schweigen dieser ‚anders herum' gewundenen Art liegt oft mehr Sagen als im kommunizierenden, aber auch assoziativen Sprechen.

Bei dieser Patientin drängte sich mir der Gedanke auf, wieder beim alten Vorgehen zu bleiben. Lange sprachen wir nichts oder nur ein paar eher nichtssagende Worte. Ich war schon ziemlich verzweifelt, als ich spürte, dass sich meine erwähnte somatoforme Schmerzstörung irgendwie veränderte, und ich so das Gefühl hatte, auch bei der Patientin würde sich etwas bewegen. Ich dachte, dass sie wohl auch eine derartige Erfahrung gemacht hatte, sie diese jedoch nicht so bewusst wahrgenommen hat, wie es mir damit ergangen ist, als ich sofort wusste: das ist ernsthaft, das wird bleiben, aber ich werde es aushalten können. So eine Erfahrung einer psychischen, einbruchsartigen Störung war bei ihr wahrscheinlich schon zu Anfang des Lebens aufgetreten, wo man noch keine klaren Erinnerungen besitzt oder es im Trauma von sich wegspaltet.[29] Aber jetzt war sie wieder nahe dran.

Ich sagte daher zu ihr. „Ich glaube, dass es Ihnen hilft, wenn wir beide längere Zeit nichts sagen. Denn es muss bei Ihnen eine ganz frühe körperhaft seelische Kluft, Leere, ein Abgrund bestanden haben, und niemand war da, diese Kluft überbrücken zu helfen. Nicht einmal Laute, Berührungen und Wärme waren vorhanden, obwohl jemand gegenwärtig war, schemen- und statuenhaft. Und jetzt, viele Jahre später, würden Worte wahrscheinlich nicht genügen, ja sogar störend sein".

---

[29] Nicht jedes Trauma bleibt Ursache für psychische Störungen, manche werden gelungen und mit einer Art innerer, primärer Überzeugung abgespalten und bleiben weg.

Unter Tränen und Schluchzen brach aus ihr heraus, dass es genau so sei, aber wenn jemand da sei, der nur für sie hier sitze, würde diese Kluft überbrückt. Andere Menschen müssen oft Unwichtiges reden, wenn sie in Verlegenheit sind. „Für Sie", meinte ich daher nach längerer Zeit, „ist es nur wichtig, dass jemand nur für Sie da ist, dieses ‚nur für Sie' genügt und ist besser, als manches Reden, das in der Psychoanalyse sogar die meiste Zeit einnimmt. Das freie Assoziieren, aber auch Deutungskonstruktionen stören oft eher". Nun kam doch ein Gespräch über die frühen Phasen in ihrem Leben zustande, auch wenn dazwischen immer noch viel geschwiegen wurde und ungeklärt blieb.

Auch der Psychoanalytiker S. Leikert will die aufs Sprechen und die Sprache bezogene herkömmliche, und damit so sachlich nüchterne, lieblose Psychoanalyse, von der unterscheiden, die sich zwar nicht bevorzugt auf das Schweigen stützt, sich aber mehr auf die Semantik der Wahrnehmung, der Ästhetik und Binnensensibilität bezieht.[30] Leikert spricht auch von „kinästhetischer Semantik", eine von der Binnenempfindung und der inneren Bewegung (vom griechischen kineo, bewegen) abgeleitete Bedeutungslehre. Auch der Psychoanalytiker R. Zwiebel betont diese mehr meditative und kathartische Seite, die in der Psychoanalyse von heute umfangreicher berücksichtigt werden sollte. Zwiebel bezieht sich auf Yoga

---

[30] Leikert, S., Schönheit und Konflikt, Umrisse einer allgemeinen psychoanalytischen Ästhetik, Psychosozial Verlag (2012).

und Zen und auf die Freud´sche Selbstbeobachtung und Selbsttherapie, bei der es ja auch mehr um die innere Wahrnehmung, die Binnen-Bedeutung ging.[31] Freud konnte sich ja nur an Hand seiner eigenen inneren Wahrnehmung selbst analysieren, er war noch liebevoll, doch dann driftete die Psychoanalyse mehr und mehr ins nüchtern Wissenschaftliche ab.

Durch das frei assoziative Sprechen der herkömmlichen Psychoanalyse gelangt man niemals zur frühesten Phase des Lebens zurück, die Lacan die des ‚corps morcelée‘, des zerstückelten Körpers, nannte, in meiner Nomenklatur: die Stücke des noch rohen *Strahlt / Spricht*. Das wie körperlich Stückhafte sind die elementaren psychophysischen Zustände oder die Körperbilder, die bildlichen Stücke der Kleinkindpsyche, die noch kein koordinierendes Ich besitzt. Das Kind lebt anfänglich noch fast ganz im Imaginär-Realen, denn sein Wimmern hat noch nichts mit Symbolischem zu tun. Dieses im „Grundrhythmus eines ersten Wimmerns und seines Nachlassens" beim Kleinkind erfasste Imaginär-Reale, ist noch nicht Anruf, Anspruch des Kindes an den *Anderen*, an die Mutter zum Beispiel. Es ist unmittelbares Reales, sein Weh, sein Ach, sein Schmerz, weil es etwas Wesentliches von sich selbst verloren hat.[32] Und zwar nicht nur den

---

[31] Zwiebel, R., Weischede, G., Neurose und Erleuchtung, Klett-Cotta (2009)
[32] Lacan, J., Seminar II, Walter (1980) S. 327. Die Mutter gilt in der Psychoanalyse als die primär bedeutende *Andere*, die –

Körper der Mutter, sondern auch einen großen Teil von sich selbst in Form der Plazenta zum Beispiel (ein Stück seiner Mitseins-Bewusstheit)..

So etwas kann man auch im Ausüben der *Analytischen Psychokatharsis* erfahren. Ich habe öfters in einer Meditationsgruppe bei anderen, aber auch bei mir gerade in tieferer Versenkung ein kurzes Aufseufzen beobachten können, einen unbewussten, automatischen Seufzer. Es handelt sich nicht um ein gemachtes, selbstmitleidiges Seufzen, sondern um ein aus der Tiefe kommendes, knappes Aufseufzen, eine kaum vernehmbare Erleichterung, die direkt aus dem Realen her auftaucht. Offenbar hat es etwas mit einer Regression in die früheste Kindheit zu tun, die ja wichtig für die Öffnung des Unbewussten ist. So bedeutet wohl auch der Seufzer in tiefer Meditation keine markerschütternde Klage, keinen abgründigen Schmerz, sondern eher etwas Auratisches, das noch nicht ganz erreicht worden ist: der Tod ‚anders herum'.

So ähnlich sieht es auch Leikert, der weiter kritisch anmerkt, dass sich die klassische Psychoanalyse zunehmend erstarrend in Richtung einer sprachbasierten, an Lexemen orientierten Arbeitsweise fest gezurrt hat. Wie von Leikert bemerkt wird heutzutage therapeutisch nur noch in Richtung einer gesellschaftlichen Realität und einer starren sprachäußerlichen Subjekt-Objekt-Dualität vorgegan-

---

verinnerlicht – auch beim Kleinkind zur Bildung des ersten, inneren, psychischen ‚Objekts' beiträgt.

gen. Das Symbolische, das *Spricht* wird zwar betont, was fehlt, ist aber das „Sich-Einlassen auf die sinnliche Logik der Wahrnehmung, vor allem auf den Rhythmus der Binnenwahrnehmung, auf die „kinästhetische Wunschmatrix", schreibt Leikert.[33] Gemeint ist das, was auch der Psychoanalytiker H. Stein mit der ans Psychoanalytische angelehnten Meditation und was der Philosoph. D. Heller-Roazen mit dem „inner touch" meint, dem „inneren Sinn", dem ständigen sich Abstimmen mit dem eigenen Körperbild oder der Selbstwahrnehmung in mehr substanzieller Form.[34, 35] Mal als ‚Berg‘, mal als ‚Baum‘, mal als etwas anderes bewusstheitlich Substanzielles wie ein Leben im Sterben, wie ein probatorischer Tod.

Es sollte in der Psychoanalyse nicht nur um den nüchternen Sprachbezug, sondern auch um das gehen, was Kunst, Religion und die „rhythmisierende Ordnung des Rituellen" beinhalten. Statt von Kinästhetik wird auch oft von Könästhetik gesprochen. Hier ist das *Strahlt* betont, aber ein geringer Zugang zum Symbolischen besteht. Leikert konstatiert, dass es hier ein Problem gibt, denn die freien Assoziationen und die gleichschwebende Aufmerksamkeit erreichen diese Ebene nicht so gut, und so können sie nicht genug durch Symbolisches, durch Wor-

---

[33] Leikert, S., Schönheit und Konflikt, Umrisse einer allgemeinen psychoanalytischen Ästhetik, Psychosozial Verlag (2012).
[34] Stein, H., Freud spirituell, Bonz (1997)
[35] Roazen, D., Der innere Sinn, Archäologie eines Gefühls, Fischer (2012)

te, ins Subjekt integriert werden.[36] Dazu braucht es dann ein zusätzliches Verfahren wie die *Analytische Psychokatharsis* es darstellt, die allerdings diesbezüglich in den bereits angedeuteten *Pass-Worten* einen besonderen Zugang zur auch klar ausdrückbaren Wahrheit extra herstellen muss, wie ich noch zeigen will.

Es geht also um eine innere Selbsterfahrung, eine unmittelbare Vertrautheit, eine Liebe zu diesem Etwas, zu dem, was der Psychoanalytiker N. Symington die ‚Thathood', die ‚Dasheit' nennt, etwas Ähnliches wie Roazens ‚inner touch'. Damit konnten früher die Menschen direkt miteinander kommunizieren. Sie haben sich sozusagen mit ihren inneren Berührtheiten, von Getast zu Getast, von ‚Haut zu Haut' verständigt. Ich könnte auch sagen vom Körperbild zu Körperbild, vom inneren ‚Berg' des einen zum inneren ‚Berg', des anderen, um mein Beispiel wieder ins Spiel zu bringen. Von der Liebe zum Tod und vom Tod zur Liebe, wodurch die Menschen damals das Gespinst der Lacanschen ‚Jouissance' besser kannten als wir heute, in der man das Unbewusste wie eine Last auf sich nehmen muss wie Äneas seinen Vater Anchises, als er ihn auf seinem Rücken aus dem brennenden Troja heraustragen musste. So wie wir heute das Vater-Prinzip,

---

[36] Mit Kinästhetik ist eher eine innere Bewegung, Regung, gemeint, mit Könästhetik mehr dieser „inner-touch" von D. Heller-Roazen. Ich gebrauche beides in gleicher Weise. Wie ich noch ausführen werde, ist die Koine (griechisch) der Gemeinsinn, das verbindende Gefühl.

die Bestimmer-Logik, ja Freud selbst schultern müssen (wenn auch ergänzt durch ‚Visionen‘).

Der Begriff des Körperbildes, also des körpernahen Bild-Wirkenden, wurde vor allem von der französischen Psychoanalytikerin F. Dolto propagiert. Es handelt sich um eben dieses kin- oder könästhetische Bildspüren, das man von seinem eigenen Körper in sich hat. Wir nehmen uns ja auch schon vom Bewussten her nicht in allen Teilen unseres Körpers gleichermaßen konzentriert wahr. Die alten Griechen spürten sich im Zwerchfell (Phren) am intensivsten. Andere sind Kopfmenschen oder spüren sich hauptsächlich in dem ich-nahen Muskel-Skelett-System. Es geht jedoch hauptsächlich ums unbewusste Spüren des ‚inner touch‘. Dieses nimmt man wahr, wenn man meditiert oder die besagte *Analytische Psychokatharsis* übt. Bei deren Übungen sprechen manche Personen von einem ‚Durchrieseln‘, Prickeln oder durchschauert werden. Manche machen auch die Erfahrung einer Helligkeit, Befreiung (Katharsis) und betonten inneren Entspannung. Auf jeden Fall handelt es sich um ein elementareres Sich-Selbst-Erfahren bis hin zum autochthonen Genießen, zu ‚Jouissance‘ im Körperbild.

F. Dolto unterschied das dynamische, erotische und basale Körperbild. Damit kommt sie wieder dem Bild des corps morcelée nahe, nur dass sie diese drei Stücke von ihrer klinischen Erfahrung her bestimmt, wo sie nicht völlig zerstückelt sind. In der Psychoanalyse geht es vorwiegend um die ersten beiden, weil große Teile davon

unbewusst sind. Noch unbewusster ist aber wohl das
basale Körperbild, das jetzt wieder mit der Leikert´schen
Kinästhetik verbunden werden könnte und eben von der
herkömmlichen Psychoanalyse nicht erfasst wird. Es
handelt sich dabei exakt um das, was mit Rhythmik, Os-
zillieren, Pulsieren aber auch die Metrik von Mustern
oder ersten „maßgeblichen Bildern" zu tun hat. Die Signifikanten, „die natürlichen Symbole sind hervorgegan-
gen aus einer bestimmten Anzahl „maßgeblicher Bilder"
– aus dem Bild des menschlichen Körpers, aus dem Bild
einer Reihe von deutlich sichtbaren Objekten wie der
Sonne, dem *Mond* und einiger anderer. Und das ist das,
was der menschlichen Sprache ihr Gewicht gibt, ihre
Triebfeder und ihr emotionales Vibrieren."[37]

Hier scheint das Bild- und das Wort-Wirkende zusammengefasst, doch dies ist nicht ganz der Fall. So gesehen
ist mein ‚Berg' zwar nicht nur ein Phallus-Symbol, sondern etwas Zusammenfassendes all der von Dolto genannten Körperbilder, all des *Strahlt*. Aber er *Spricht*
nicht klar genug. Wie ich sagte, bewegte und strahlte der
‚Berg' im Sinne des dynamischen Körperbildes, aber er
ruhte auch auf festem Fundament und ließ sich wie der
‚Baum' meines Adepten eine Zeit lang festhalten. Er war
basales und wohl auch ein wenig dynamisches und eroti-
sches Körperbild. Die Zusammenfassung all der Teilas-

---

[37] Lacan, J., Seminar II, Walter (1980) S.388 Der zuerst im Vordergrund stehende imaginäre *Signifikant* ist also in Bezug zum
symbolischen Signifikanten klar getrennt / verbunden.

pekte gibt dem Ganzen dieses von mir schon mehrmals beschworene Substanzielle, das trotzdem immer noch zu sehr im Imaginär-Realen verhaftet bleibt und noch weiter symbolisiert, signifikant gedeutet werden muss, um wirklich ins ‚anders herum' des zur Einsheit gebündelten Bild-Wort-Wirkenden zu gelangen.

Immerhin ist damit eine gewisse seelische Konsistenz, Festigkeit, erreicht, die zudem einer rationalen Deutung zugänglich wäre. Denn wie die heilige Mechthild ihr ‚fließendes Licht' deutet, ist nicht antirational. Ihre Ratio, mit der sie ihre hocherotischen Gebete begleitet, nämlich durch den Bezug auf Jesus und den ‚Heiligen Geist' ganz im Sinne der damaligen geltenden religiösen Verfassung, ist strukturell genauso verfasst wie Freuds Libido als erotisierte psychische Energie, die ja auch der Sublimierung, der Verfeinerung, Vergeistigung, Vermathematisierung dient. Sie kann sich dabei auch desexualisieren wie Freud sagte, und so kann sie sogar zu einem Begehren nach Liebe führen, auch wenn für Freud eine derartige Strebung, ein derartiger die Liebe betreffender Subjekt-Zustand, vor allem in der Sehnsucht nach der Liebe des Vaters und dessen entsprechender, gleichwertiger Reaktion bestand.

Insofern war Mechthilds Begehren nach Liebe eine Art der Identifikation, eine Art ‚Heiliger Selbst-Geist', keine Objekt-Liebe, in der für Freud ein Objekt, ein Mensch, libidinös besetzt wird. Aber das Wort Vater war nicht immer ideal dafür geeignet, weshalb Freud den sogenannten „Vater der Vorzeit" ins Spiel brachte, also eine besondere Ahnenfigur, ein Symbol starker Erinnerung an den Schöpfer eines Clans, eines Volkes oder mehr. Doch auch ein solcher ‚alter Mann mit Bart', wie ich ihn schon taufte, blieb schemenhaft, unpräzise, weshalb Lacan ihn zum ‚Vaternamen', zum Signifikanten einer generellen Vaterschaft umfunktionierte (hier ist vordergründig der symbolische Signifikant gemeint). Doch auch dieser hat nicht alles überdauert.

Lacan hatte nämlich lange – Freud brav gehorchend – diesem aus der Frühzeit, Vorzeit, und sodann aus der Bibel kommenden Vaterbegriff gehuldigt, denn schließlich brauchte man etwas, das der mächtigen, faszinierenden weiblich-mütterlichen Zentralfigur, die im Unbewussten auch moderner Menschen immer noch herrscht, gegenüber gestellt werden konnte.[38] Für einen wissenschaftlich denkenden Psychoanalytiker konnte dies nicht ein Gott sein, der eine Idealisierung und Machtverbrämung darstellt. Doch der Vatername, dieser Chor paternaler Stimmen, das Überich, die wortgewaltigste aller Headlines – all diese kraftsprachlichen Zuschreibungen genügten Lacan eines Tages nicht mehr, um zu definieren, was den Vater als Symbolischen, Wort-Wirkenden, ausmachen sollte.[39]

---

[38] Früher waren es Muttergottheiten, heute ist es die Imago der ganz frühen verführenden, liebenden, aber auch hexenhaften aggressiven Mutter im Unbewussten.
[39] In der griechischen Tragödie vermittelte der Chor im Hintergrund dieses sprachgewaltig Patristische. Versucht wurde

In seinem XIX Seminar machte er daher eine Kehrtwen-
de; er unterzog den Vater einem ‚anders herum' und sagte, man könnte sehen „wie ich früher in verschiedenen
Registern vor allem die Vatermetapher erkundet habe,
den Eigennamen. Es gab alles, was es brauchte, um diesem mythischen Elaborat meines Sagens mit der Bibel
[bezüglich des Vaternamens] einen Sinn zu geben. Ich
werde das jedoch nie wieder machen, Ich werde das nie
wieder machen, denn schließlich kann ich mich damit
begnügen, die Dinge auf der Ebene der logischen Struktur zu formulieren, die ja ihre Rechte hat. Voilà!"[40] Die
Struktur der Logik, das klingt freilich anspruchsvoller
und wissenschaftlicher als der Vatername, der einen an
alte Patriziergeschlechter erinnert oder gar an das, was
man ganz zu Unrecht Patriarchat nannte, weil es in Wirklichkeit ein Andriarchat, eine Männerherrschaft war.

Ich habe dem in einem anderen Buch die Bezeichnung
„logische Selbststruktur" gegeben, denn die logische
Struktur alleine klingt wieder zu sehr nur nach Philosophie, nach akademischer Zunft. Es muss ja um eine
Selbst-Logik gehen, eine Selbst-Analyse, um eine – wenn
ich schon dem nächsten Kapitel vorgreifen kann – Liebe
zu sich selbst als Logiker, als Wissenschaftler v o m Subjekt. Wenn ich statt der Logik mit dem ‚Berg' und dem
‚Baum' etwas vorgestellt habe, was man statt ‚Vision'

---

heutzutage auch die Definition des Vaters als des Schöpfers
des Wortes, der Sprache, des Linguistischen.
[40] Lacan, J., Seminaiere Nr. XIX, Ed. Seuil (2011) S. 104

vielleicht das ,Ikonische' nennen könnte, so dient dies
genau demselben Zweck, nämlich wegzugehen von den
alten Metaphern und Begriffen auch insoweit sie in der
klassischen Psychoanalyse noch Geltung haben. Ich habe
eingeräumt, dass das ,Ikonische',[41] die bild-wirkende
Struktur, allein allerdings auch nicht der Weisheit letzter
Schluss ist. Die zur Einsheit gebrachten Körperbilder
halten von sich alleine aus nicht in Ewigkeit zusammen.

Deswegen durchströmen sie den Menschen ja auch licht-
haft-fließend in Mechthilds Visionen, was an den ,flie-
ßenden Rhythmus' erinnert, den Lacan für die weibliche
Libido hielt. Während beim Mann die Libido nach außen
strömt, schließt sie sich in der Frau zum Kreis. Indem sie
bewegt wird, folgt sie dem Fluss der Gezeiten ihrer
Fruchtbarkeit und der Schwangerschaften, der Menstrua-
tion und der Gabe der Brust im Stillvorgang und vieler
Affekte und Gefühle, die an das ,fließende Licht' erinnern. Es verleiht der Frau eine innere Festigkeit, auf die

---

[41] Mit dem Begriff des ,Ikonischen' oder der Ikonik will ich
vermeiden, was einer Bildwissenschaft nahe kommt, wäre
diese nicht eine so trockene, wenig aussagefähige Methode.
Iconic turn, pictorial turn, imagic turn, visualistic turn, waren
ständige Versuche in den Neunziger Jahren von der imaginären Seite her Wissenschaft zu kreieren. Das vergeistigte, ver-
feinerte Bild der Ikone mit dem Begriff des ,Ikonischen' kommt
dem näher, um was es bei dem visionsähnlichen Vorgängen
geht, wenn man es außerhalb jeder religiösen Zuordnung
verstehen will. Es geht auch nicht um einen Kultstatus, sondern um Psychoanalyse.

sich nunmehr ganz intensiv der männliche Neid bezieht (als Pendant zu dem von Freud unglücklich postulierten weiblichen ‚Penisneid‘).

Zusammengefasst: Das Bild-Wirkende, das Es *Strahlt*, das Könästhetische der Liebe, das ‚Imaginär-Reale, ‚Ikonische‘ betrifft die eine Seite seelischer Kräfte. Es braucht die andere Seite, die logische Struktur (Wort-Wirkendes, das Es *Spricht*, die Rhetorik des Todes, das Symbolisch-Reale) dazu, es braucht beides (Ikonisches und Logisches) zusammen, um die menschliche Seele auch in ihrer Unbewusstheit zu verstehen und zu behandeln. Die ‚logische Selbststruktur‘‘ stellt jetzt nur eine Ergänzung zur körperbildlichen Selbststruktur dar. Ich wiederhole, dass es letztlich nur der Einzelne selbst in und aus sich heraus definieren kann, um was es hier geht, denn es braucht auch das ‚anders herum‘ von Bild und Wort, von Liebe und Tod‘, und dazu lässt sich gar nicht mehr sagen.

Ich hätte auch über das ‚anders herum‘ von ‚Mann und Frau, von ‚Politik und Dummheit‘ oder vom ‚Schönen und Bösen‘ schreiben können. Es ist egal, denn das Wesentliche besteht im ‚anders herum‘ jedes dieser Paare, von denen der eine Teil, die Liebe – ich wiederhole auch dies nochmals – mit der Luzidität, dem Blick, dem Es *Strahlt* zu tun hat. Der Tod dagegen ist der Mentor des sich Entäußerns, das beim Menschen (wenn er nicht die Faust benutzt) im Sprechen, im Es *Spricht* zu Wort kommt. Nur dadurch, dass beide in der Erfahrung des Einzelnen in der psychoanalytisch untermauerten, begründeten Meditation, in der *Analytischen Psychokatharsis,* zusammenkommen und sich engstens verbinden, wird das Ziel erreicht. Das Ziel der Selbstanalyse, der Wissenschaft v o m Subjekt, die als Wissenschaft ja selber zu einem ‚anders herum' wird, wenn nur der Einzelne als solcher bei ihrer Verwirklichung und Umsetzung zählt.

Den maßgeblichen, verfeinerten, sich auf Bilder Beziehendem, dem *Strahlt,* dem imaginären Signifikanten, steht also der symbolische Signifikant gegenüber, das Wort-Wirkende, das Es *Spricht.*[42] Die ‚Vision' hat an beiden teil, auch wenn das Imaginäre zuerst mehr besticht. Doch Licht ist schneller als der Schall, und so kommt das Symbolische (das markante Wort ‚Berg' oder ‚Baum') erst dann dazu. Was das Reale der ‚Vision' angeht, hängt es von der engen, konkretistischen, den ‚défiles signifiantes' (wie Lacan diese Engführungen, Durchtunnelungen von Einem zum Anderen, vom Unbewussten zum Bewussten und anderen psychischen Gegenbesetzungen nennt) ab, was das Ziel des Buches und des Verfahrens der *Analytischen Psychokatharsis* sein soll. Eine aus dem *Strahlt / Spricht* kombinierte Form der ‚défiles signifiantes' findet sich – aber eben nur rein f o r m a l in den *Formel-Worten.*

Mit ihnen kann man ohne viel Mühen ein Fest machen, ein Fest der Bewusstheit, weil die Monotonie der *Formel-*

---

[42] In der Lacanschen Nomenklatur entspricht dies auch genau dem Schau- und Sprechtrieb.

Worte ja gerade zu einer Einengung und Mäßigung des blanden, aufs Äußerliche gerichteten Wachbewusstseins führen kann. Ich beschreibe es einmal als die Erfahrung mit sich und der Welt Eins zu sein, also mit dem, was ich schon die Eins-Seitigkeit genannt habe. Es ist die Erfahrung, die nicht ganz am Realen teilhat, sich ihm aber doch genähert hat, und die eben weniger Bewusstsein, sondern bereits mehr Bewusstheit, Erfüllendes, demonstriert. Das *Formel-Wort* fördert nicht das, was man unter Aufmerksamkeit versteht, die lediglich ein etwas gesteigerte Bewusstsein ist. Wenn Freud von der ‚gleichschwebenden Aufmerksamkeit' des Therapeuten spricht, zielt dies eindeutig mehr in Richtung Bewusstheit, Richtung Eins-Seitigkeit mit dem Patienten. Um daraus ein Fest werden zu lassen, bedarf es allerdings noch weiterer Verinnerlichungen statt eines ausgerichtet Seins auf Äußerliches, mehr Achtsamkeiten statt Aufmerksamkeiten, mehr ‚anders herum' – auch hinsichtlich von Liebe und Tod – als angepasst.

Wie versprochen hänge ich hier kurz an, welche Bedeutungen überlappend im *Formel-Wort* E.N.S.C.I.S.N.O.M versteckt sind. So kann man – im Uhrzeigersinn gelesen – zum Beispiel ENS, das Sein, CIS, diesseits, NOM, (Abkürzung für) Name, lesen, also ‚das Sein diesseits des Namens'. Man kann aber auch beim S beginnen und SCIS NOMEN lesen: du weißt den Namen. Geht man einmal vom C aus, liest man CIS NO, MENS, diesseits schwimme ich, oh Geist, M oben links aus, so heißt

MENS CIS NO, der Gedanke diesseits, innerhalb von No (vom Nein), vom O ausgehend OMEN SCIS N, du kennst das Omen N, und C IS NOMEN S, hundert dieser Name S, usw. Eigentlich genügen drei verschiedene Bedeutungen, um die Disparität, die Unvereinbarkeit eines gemeinsamen, geschlossenen Sinns aller Bedeutungen zusammen, zu gewährleisten. Doch wie schon betont, dienen diese ‚défilés logiques‘, diese Buchstabenverengungen ohnehin nur der wissenschaftlichen Plausibilität.

Eine solche hatte und brauchte die heilige Mechthild nicht, dafür musste sie jedoch ständig „das Wasser der Pein trinken und in der wahren Wüste wohnen".[43] Sie musste sich von Gott auch Sadismen sagen lassen, die üblichen ‚défilés legiques‘ der Mystikerinnen. Die Heilige Theresa von Lisieux ging da mit sich selbst viel brutaler um und auch Britta von Schweden malte sich gerne Folterszenen aus, mit der sie der geliebte Gott traktieren sollte. Im Endeffekt aber haben sie dennoch große Bewusstheit erreicht, obwohl ihnen ihre Wünsche unbewusst waren.

---

[43] Mechthild von Magdeburg, Das fließende Licht der Gottheit, Verlag der Weltreligionen (2010), I, 35

4. ‚Ikonisches' und weiblicher Liebesdiskurs

Nochmals zur Liebe, von der zu sprechen nach wie vor fast unmöglich ist; man müsste eine Sprache ohne Worte haben, zumindest ohne ganze Sätze, erklärt Lacan in seinem einundzwanzigsten Seminar. Und an anderer Stelle: „Die Liebe lässt sich nur in der Perspektive des Anspruchs begreifen. Es gibt Liebe nur für ein Sein, das sprechen kann, und das diesen Anspruch speziell darauf richtet, gehört zu werden. Weshalb? Nun ja, gehört werden wegen etwas, das auch gut *wegen Nichts* heißen könnte. Das bedeutet deswegen noch lange nicht, dass dieser Bezug der Liebe zum *Nichts* einen nicht sehr weit bringen wird, denn in diesem *wegen Nichts* existiert bereits der Platz des Begehrens... Was ist das, das begehrt wird? Es ist das Begehrende im *Anderen*, was nur geschehen kann, indem das Subjekt selbst als begehrenswert eingestuft wird".[44]

Wie schon oben bereits angedeutet, gibt es keinen Liebesbeweis. Zudem klingt solch ein Satz wie „ich liebe dich" viel zu pauschal, zu abgehoben oder gar erpresserisch und zielt meistens darauf, dass man wiedergeliebt werden und nicht damit allein in der Welt stehen will. Der altgriechische Gott Plutos (Πλοῦτος), der Reichtum, soll so etwas zu Penia (Πενία), der Armut, gesagt haben.

---

[44] Lacan, J., Seminar VIII, Die Übertragung, Passagen Verlag (2001), S. 435

Die Geschichte hat Platon erfunden, als er schrieb, wie Penia an den Stufen des Palastes kauerte, bis Plutos, trunken vom Nektar, herunterkam und sie schwängerte (modern und ironisch gesagt in einer Zigarettenpause das Fest verlies, sich aber dann – ganz sozialbewusst – der Liebe zu den Armen widmete). In einer anderen Version soll sich Penia allerdings an Plutos herangemacht haben, sie gebar dann Eros, den Liebesgott (und damit waren dann alle göttlichen Kräfte wieder zusammen).

So wie auch die im Vorkapitel erwähnten Körperbilder alle zusammenkommen und zu dem führen, was ich ein ‚Ikonisches' nannte. Es handelt sich um ein substanziell ‚Ikonisches', denn wenn die Körperbilder zusammenkommen, sich überlagern, werden sie spürbar, es kommt eventuell sogar zu dem genannten ‚Durchrieseln', Durchschauern. Dies passiert manchmal von sich aus, also auch ohne äußere Nachhilfe wie von dem bewegenden Musikstück erwähnt. Mehr und mehr zeigt sich, dass das ‚Ikonische', das Bild-Wirkende, Imaginär-Reale durchaus Substanz hat, genießende Substanz. Freud hatte sie im Rahmen der Substanzenlehre der ‚ausgedehnten Substanz' des Aristoteles und der ‚denkenden Substanz' von R. Descartes als dritter in Form der sublimierten Libido, der genießende Substanz hinzugefügt.

Auf diese Weise kommt schon einmal ganz zaghaft die Liebe ins Spiel. Sie ist sublime, desexualisierte Libido (auch das ein Ausdruck Freuds) und so auch dem Genießen in seiner autochthonen, eigenständigen Form zugänglich. Hier kann man die Nähe zum Narzissmus, zur Eigenliebe spüren, sie aber auch davon unterscheiden. Ich erinnere als das COO, das ‚concret original object‘. Selbst wenn es eine originäre Konstruktion ist, gilt es doch nicht nur dem eigenen Spiegelbild, wie dies bei dem antiken Jüngling Narziss der Fall war. Narziss verliebte sich in sein äußeres Bild, in die pure Spiegelung eines momentanen Blicks, aber das ‚Ikonische‘ der Liebe ist ein nach außen ausstrahlendes Innen-Selbstbild, Bild-Wirkendes per se, das von Dauer ist. Lacan sprach vom „ultrasubjektiven Ausstrahlen“, dem weithin leuchtenden Imaginär-Realen, das man äußerlich nicht erkennen kann, obwohl man im Volksmund von der Ausstrahlung einer Persönlichkeit spricht.

Nur ein Schurke erkennt einen Schurken und nur ein Liebender einen Liebenden und wohl auch nur ein Innenbild-Strahlender einen ebensolchen. Das war auch die Devise der heiligen Mechthild von Magdeburg. Vor allem erkannte sie, dass das ‚Ikonische‘ der Liebe mit dem Tod zusammenhängt. „Die Liebe sollte tödlich sein, maßlos, unaufhörlich“, schrieb sie.[45] Und so war Mechthilds Liebe nicht mit der desexualisierten Libido Freuds versehen, die ja eher ein Widerspruch ist, sondern eher mit einer gewaltsamen Libido, roh, ekstatisch und im ‚Ikonischen‘ voll entflammt, indem sie weiter schrieb:

---

[45] Mechthild von Magdeburg, Das fließende Licht der Gottheit, Verlag der Weltreligionen (2010) I, 28

Er [der Geliebte] durchküsst sie mit seinem göttlichen Munde. Wohl Dir, ja mehr als wohl, ob der überherrlichen Stunde!
Er liebt sie mit aller Macht auf dem Lager der Minne
Und sie kommt in die höchste Wonne
Und in das innigste Weh, Wird sie seiner recht inne.
Eia, Liebe, nun lass dich minnen.
Und wehre dich nicht mit finsteren Sinnen.[46]

Wie schon zitiert bedienten sich auch andere Mystikerinnen dieses ikonisch flammenden Diskurses, und man fragt sich: wie kann die Liebe solche Ausmaße annehmen, schießt sie über das Ziel hinaus, denn das Sexuelle in dem Gedicht ist nicht zu übersehen? Freilich gab es damals noch keine Psychoanalyse, aber die Bedenken der eingangs erwähnten Oberin hatten sicher damit zu tun, dass ihr Mechthilds Texte zu ekstatisch und übertrieben vorkamen. Nur ihr Beichtvater hielt zu ihr. Am besten lässt sich die Sache freilich verstehen, wenn man die Beziehung der Liebe zum Tod dazu nimmt.

In diesem Sinne behauptete nämlich Lacan: „Zum Lieben braucht es Drei",[47] die zwei Liebenden und den Tod. Um zu erfassen, was die Liebe ist, hat man sie schon immer in ihrer Beziehung zum Tod beschrieben, besungen und gemalt. Die Zwei des Liebespaares kann nur vor dem Hintergrund der Drei (Liebespaar und Tod) verstanden

---

[46] Wie oben, II, 23
[47] Lacan, J., Seminar VIII, S. 160

werden. „Was der Borromäische Knoten für uns illus-
triert ist, dass die 2 nur durch die Verknüpfung der 1 mit
der 3 entsteht, folgert Lacan daher.[48] Dies ergibt sich
auch schlüssig aus der Mengenlehre, aber auch aus sozia-
len und historischen Gegebenheiten. Die höfische Liebe
des Mittelalters zum Beispiel zeigt recht gut, wie die
Troubadoure die Frauen in goldene Käfige sperren mussten, sie sich sozusagen in Distanz zu ihnen in Wallung
brachten, und dies alles nur, um dem König damit besser
als Vasallen dienen zu können; was heißt, den Tod im
Kampf zu riskieren. Ohne Tod keine Liebe, ohne Liebe
kein Tod, normal oder ‚anders herum'.

Bei der Liebe zu Gott verhält es sich nicht anders. Auch
hier schaukelt sich der Gläubige zu großen Gefühlshöhen
empor, um so dem Tod zwar nicht entgehen zu können,
aber dafür anderswo einen Ersatz zu bekommen. Und die
heutigen Psychoanalytiker empfehlen gleich von vornherein, die Diskrepanz der Eros-Lebens- und der Todestrie-
be in der Liebe stets zu berücksichtigen, denn daran geht
kein Weg vorbei. Dieses Wissen um die Beziehung zwischen Liebe und Tod muss immer wieder neu erfahren
werden. „Es bleibt die Tatsache", moniert Lacan dazu in
Ergänzung zu dem oben Gesagten, „dass die Liebe die
Beziehung des Realen zum Wissen ist", und nur so gefunden werden kann.

---

[48] Lacan, J., Seminar XXI, Vortrag vom 12. 3. 1974, Staferla free

„Sie macht ihr Objekt aus dem, was im Realen fehlt", setzt er hinzu, was man nur von Freud ausgehend verstehen kann. Wie erwähnt nannte Freud das Gleichgewicht von „Ichlibido und Objektlibido" die Liebe. Das klingt nun schon sehr nüchtern, akademisch und bar jeden Gefühls. Deshalb macht Lacan den Vorschlag, dass ein Mangel im Realen nicht nur vom Symbolischen/Imaginärem mit Sinngetue (siehe Bo-Knoten) ausgefüllt werden muss, sondern auch substanzieller mit etwas Spürbarem, mit etwas ‚inner touch' und ‚Jouissance feminine', dem weiblichen Genießen.[49] So bekommt die Liebe nämlich die gleiche Art von ‚Objekthaftigkeit' zugesprochen wie mein ‚Berg': Auratisches, nicht ganz offen geklärt Sichtbares, wolkig Körperliches, intersubjektives Chill-Out. Fassbare Liebe, die scheinbar dem Tod auskommt.

Doch dies tut sie nur, wenn sie mit dem Tod im ‚anders herum' vereint ist. Denn so sehr mein ‚Berg' eine Liebe zum *Anderen* ist, zum *Nichts*, zur Leere in der Meditation zum Beispiel, habe ich diese ‚Vision' doch wieder zurückschieben müssen, weil in einem Zu-Viel-Davon zwar nicht der physische, aber der geistige Tod droht. Das sind keine neuen Erkenntnisse, sie sind nur ein bisschen anders formuliert. Die Liebe steckt also – Lacan folgend –

---

[49] Zur besseren Abgrenzung würde ich die von Lacan manchmal ‚Jouissance phallique' genannte Lust als ‚plaisier phallique' bezeichnen, und die ‚Jouissance' als solche als autochthon und weiblich charakterisieren.

in der Bo-Verknotung selber, weil sie so betrachtet nun wirklich eine Form des ‚anders herum' erreicht hat. Allerdings bleibt dies alles bei Lacan sehr, sehr, theoretisch, topologisch und mathematisch.

Damit die Liebe dem Tod auskommen kann, muss auch der Tod diese ‚anders herum' Form angenommen haben, nämlich ein Leben i m Sterben zu sein, das der banale Tod nicht ganz einholen kann. Ich werde im Kapitel 5 ausführlich zu diesem Begriff (Leben i m Sterben), insofern er das wirkliche Lebensende betrifft, etwas aus neueren neurowissenschaftlichen Erkenntnissen berichten. Doch der gleiche Begriff lässt sich auf die *Analytische Psychokatharsis* anwenden, indem die Meditation hinein ins Dunkel, ins Nichts, vor einem selbst wie ein Sterben wirkt, das aber zu einer besonderen Art von Leben führt. Auch das ist kein Geheimnis. Im Zen-Buddhismus werden die Probanden angeleitet ihren Lehrer und dessen Koan, ein Rätselwort, zu lieben, zugewendet der totalen Unbekanntheit, Unmöglichkeit, Bodenlosigkeit. Und doch – wenn sie Glück haben – öffnet sich für sie dieses ‚anders herum' von Liebe und Tod, weil sie sich in dieser Rätselhaftigkeit völlig verlieren, sich aber wie neu geboren, als *Anderes, Anderer* wieder erleben. Doch das ist Mystik, auf die ich mich nicht stütze, und sie somit nur allegorisch verwenden kann.

Zum weiteren und vielleicht auch besseren Verständnis: das Wissen in der Liebe hat nur jeder der beiden Liebenden zur Hälfte. Damit hängt auch zusammen, dass man die Wahrheit – egal ob hinsichtlich der Liebe oder sonst wo – nur halbsagen kann. Um die Wahrheit ganz zu sagen und sich in der Liebe vollends einzubringen, müsste man den anderen ebenso ganzheitlich erfassen und ins Geschehen mit einbeziehen, was die ganz großen Liebenden in Literatur, Kunst und allgemeiner Lebensgestaltung immer wieder einmal versucht haben, auch wenn es ihnen wohl nie perfekt gelungen ist. Selbst Jesus, dieser große Liebende, hat am Ende seines Lebens und dem Verlust seiner Liebesbeziehung ausgerufen: *„Eloi, Eloi, lema sabachtani!* Mein Gott, mein Gott, warum hast du mich verlassen!".[50] Er hat im Sterben noch ganz innig geliebt und gelebt, und viele behaupteten, er sei nicht tot gewesen, als man ihn ins Grab gelegt hatte. Ist ihm ein ‚anders herum' von Liebe und Tod nicht gelungen?

Dem Philosophen D. Precht ist es jedenfalls gelungen. Seiner Meinung nach ist die Liebe eine ganz normale Unwahrscheinlichkeit, doch gerade dadurch wird sie kostbar.[51] „Wenn ich mich um meinen Partner sorge, tue ich es ‚aus Liebe'. Ich tue Dinge, die ich nie tun würde, aus Liebe. Ich sehe mir Filme im Kino an, die ich alleine nie sehen würde, und lausche gebannt Gedanken, die

---

[50] Mk 15ˌ 33, 34. Man hat den Text auch als Rezitation von Psalm 22, 2 verstehen wollen. Aber selbst wenn es so ist, so etwas ruft man nur aus, wenn es einem selbst so geht wie dem Psalmisten.
[51] Precht, D., Liebe, Ein unordentliches Gefühl, Verlag Goldmann (2009) vor allem S. 284 - 287

mich bei anderen Menschen niemals interessieren würden". Schließlich meint er, dass man heutzutage – da alle seine Schilderungen zu dem, was denn nun wirklich Liebe sei, ohne Ergebnis blieben – nur noch die Liebe selbst lieben kann, solipsistisch sozusagen. Prechts Buch von vierhundert Seiten zu Biologie, Soziologie und Psychologie der Liebe ist ein gutes Beispiel für das populärwissenschaftliche Pathos. Zur Psychoanalyse nur ein Satz; sie lehre, meint Precht, dass die Liebe der Sexualität entspränge. Die psychoanalytische Sprechstunde zeigt das Gegenteil: Nichts ist bedrohlicher als Sex (die Frage nach der Orientierung, der Häufigkeit, der Qualität, dem ständigen Misslingen, etc.). Sex wie schon gesagt, ist nur die Metapher für ein stetes Misslingen, eine Scheinbeziehung. Der Mann ejakuliere immer am Höhepunkt seiner Angst, meint Lacan.

Nun weiß ich nicht, ob Lacan hinsichtlich weiterer Erklärungen zur Liebe sehr viel weiter kommt. Auch wenn er sagt, dass es wahre Liebe nur zu einem Namen gibt, um zu vermeiden, dass man der Liebe zu Objekten einen zu großen Wert zuschreiben könnte, verbleibt er damit in dem engen, dem ausschließlichen Bezug zum Wort-Wirkenden. Dies liegt auch der in der Psychoanalyse so wichtigen Übertragungsliebe zugrunde. Wie gesagt heißt Übertragung, dass der Patient auf den Psychoanalytiker in positiver oder liebender Weise Gefühle, Phantasien, Einstellungen und vor allem symbolisch gefasste Bedeutungen überträgt. Da diese meist inadäquat sind, muss die

Übertragung therapeutisch aufgelöst werden. Wenn auch das Wort-Wirkende Vorteile hat, übrig bleibt von der Liebe nichts mehr. Aber warum das Bild-Wirkende, das ‚Ikonische‘, nicht auch zum Zug kommen lassen? Für die Liebe hätte dies, vor allem in der Kombination mit dem Wort, noch weitere Vorteile.

Geradezu verzweifelt wendet sich Lacan in einem Vortrag an angehende Psychiater, in dem es auch um die Liebe geht, an seine Zuhörer und gesteht, dass man ihn nicht verstehen wird. [52] Ja man soll ihn gar nicht ganz verstehen, denn die Leute, die sich zu gut verstehen, die sich also lieben, sind nicht die, um die es in der Psychoanalyse geht. Vielmehr geht es um die, die sich missverstehen, um Mann und Frau zum Beispiel, wo die Worte oft versagen. „Hier kommt“, so Lacan weiter, „die Funktion des Realen ins Spiel. So erweist sich die Liebe in ihrem Ursprung als ‚kontingent‘ und beweist zugleich die Kontingenz der Wahrheit in Bezug auf das Reale“. Das soll heißen, dass die Liebe aus einer inneren Notwendigkeit besteht, aber wem hilft es, es so zu sagen?

Nicht nur Lacan befand sich in der Schwierigkeit und Verzweiflung, es auszudrücken und nicht verstanden werden zu können. Auch mein Meditationslehrer Kirpal Singh, der viele Schüler in Amerika, Europa, Indien und ein paar weiteren Ländern hatte und bei dem das Thema Liebe äußerst wichtig war, konnte nur schwer etwas

---

[52] Lacan, J., An die Psychiater, RISS, Vortrag vom 10. 11. 1967

Durchdachtes davon vermitteln. Letztlich sagte er, nehmt den Meditationslehrer selbst, nehmt mich als Objekt eurer Liebe, denn ich liebe euch ja auch, aber es war ihm und allen anderen klar, dass dies auch nur ein Verzweiflungsruf war.

Denn wenn er sterben würde, wo bliebe man dann? Man wäre in dieser Art von Liebeskrankheit verloren, weil der Tod in seiner normalen Form bei solch einer Krankheit immer dabei ist, und man somit ebenfalls nur rufen kann: warum hast du uns verlassen? Ihm selbst war es beim Tode seines Lehrers so ergangen, erzählte er ganz offen, und so musste er sich lange in die rauesten Gegenden des Himalaya zurückziehen und meditieren. Wie die heilige Mechthild musste er sich kasteien, um wieder glaubhaft sein zu können. „Fasten, Wachen, Geißeln, Beichten, Seufzen, Weinen, Beten und harte Bezwingung der Sinne," forderte sie bei sich selbst ein,[53] was ein bisschen zu viel war, denn sie hätte ein besseres Leben verdient gehabt. Aber aus den Verwicklungen von Liebe und Tod findet man nur mit deren ‚anders herum' heraus, was ihr sicher zum Teil gelungen war, doch so martialisch für heute nicht mehr sinnvoll und nachvollziehbar ist.

Ich kannte einige Personen, deren Lehranalytiker während der sich ja über lange Zeit hinziehenden Ausbildung oder deren therapeutischer Psychoanalytiker während

---

[53] Mechthild von Magdeburg, Das Fließende Licht der Gottheit, Verlag der Weltreligionen,(2010) VII, 65

der Therapie verstarb. Es war fürchterlich, es war für diese Menschen so als hätten sie erneut Mutter und Vater und alle anderen, zu denen sie eine tiefe Beziehung hatten, verloren. Sie irrten wie am ersten Tag ihrer psychoanalytischen Beziehung herum oder versteckten ihre Betroffenheit hinter unterschiedlichsten Erklärungen, die ganz klar zeigten, dass sie zu abhängig geworden waren. Sie haben sich alle auf die Liebe total eingelassen, und dann merkten sie, dass sie doch eine Form des Nichts, des Wahns, der grausamsten Verführung war.

Ich stehe also damit nicht besser da, ich werde genauso wenig verstanden werden, und obwohl mir das nicht viel ausmacht, treibt die Sache mich doch um. Denn auch meine Lehrer und Gönner sind schon gestorben, und ich beschimpfe sie manchmal, dass sie mich nicht ganz aus der Verwirrung herausgeholt haben. Sie haben mir ihre Weisheit geschenkt, die sich wie ein roter Faden, ein Ariadnefaden (Fadengeometrie hieß es bei Lacan) durch mein Leben zog. Und jetzt? Der Faden verhält sich wie der Stab beim Staffellauf, der nicht herunterfallen darf, sonst ist der Kampf verloren. Man muss den Stab weitertragen, den Faden weiterspinnen, und wenn er schon einmal gewoben und geflochten ist, kann man nicht damit aufhören. Aber wie weitermachen?

Äußerliches Lehrmaterial dazu gibt es reichlich, aber wie kann man sicher sein, den Auftrag zur Weiterführung nur aus sich selbst bekommen zu haben? Muss man sich selbst in dem ‚Ikonischen‘ und ‚Rhetorischen‘, also in der Form, die die Lehrer einem überlassen haben, lieben, das heißt ‚anders herum' zurecht finden? Ich hatte einen Patienten, der nach langer innerer Suche und mit Vernunft in der Stimme sagte, er sei Gott. Er war also nicht einer von denen, die herumlaufen und schreien ‚ich bin Jesus, ich bin Jesus'! Er war nicht psychotisch, arbeitete als Gärtner, hatte soziale Kontakte, und ich konnte sein Verhalten lange Jahre beobachten. Er konnte sich eben nur so, nur auf diese göttliche Weise lieben, aber warum nicht. Er diskutierte gerne mit streng Gläubigen oder Geistlichen, indem er ihnen aus dem Neuen Testament Johannes 10, 34 zitierte: „Steht nicht in eurem Gesetz geschrieben ‚Ich habe gesagt, ihr seid Götter'?"

Natürlich kam er damit nicht weit. In mehreren meiner Bücher habe ich die Psychoanalytikerin. M. Mitscherlich zitiert, deren letztes Buch den Titel trug ‚Eine Liebe zu sich selbst, die glücklich macht.' Damit meinte sie wohl die in ihrer Arbeit mit Patienten wirkende Unabhängigkeit und Losgelöstheit. [54] Besser hätte sie trotzdem von einer Liebe zu sich selbst als *Anderem* geschrieben, denn es handelt sich ja nicht um Narzissmus oder etwas Egomanisches. Aber im Grunde ging es mal wieder um einen anderen Versuch, etwas Authentisch-Reales von der Liebe zu sagen. Denn selbstverständlich geht es um etwas in einem selbst, aber wie kommt man in einer der Liebe würdigen Form dahin?

---

[54] Mitscherlich, M., Eine Liebe zu sich selbst, die glücklich macht, S. Fischer (2013)

Lacan machte kein Hehl daraus, dass er den typischen ‚weiblichen Liebesdiskurs' nicht schätzte. Vor kurzem wurde die bekannte Schauspielerin Senta Berger über das Thema Liebe interviewt, und tatsächlich, sie ging von ihrer Liebe zu ihrer Mutter aus, die auch noch lange nach deren Tod besteht, und schloss daran noch einige Statements über ihre Liebeserfahrungen an, was man also so alles dazu sagt. Auch der Philosoph und Semiotiker R. Barthes versuchte in seinem Buch ‚Fragmente einer Sprache der Liebe' mehr darüber verlauten zu lassen.[55] Er hielt es ebenso mit der Figur des groß zu schreibenden, weil bedeutenden, *Anderen,* der wie gesagt bei Lacan mit der Vatermetapher, bei Mitscherlich, Berger und Barthes aber mit dem Urmütterlichen zu tun hat.

Dieses in und außerhalb von ihm agierende Wesen des *Anderen* hat Barthes zwar von Lacan übernommen, und es hielt ihn ab, ganz in den Höhen und Tiefen seiner – homoerotisch markierten – Liebe verloren zu gehen. Barthes betont, einen weiblichen Diskurs zu führen, aber er sei – so schreibt er – als Mann nicht deswegen feminisiert, weil er invertiert, also homosexuell sei, sondern weil er liebt. Er liebt und will der Liebe als solcher, also der vom *Anderen* her bestimmten, auch stets verfallen bleiben, trotz aller Enttäuschungen, Schwärmereien,

---

[55] Barthes, R., Fragmente einer Sprache der Liebe, Suhrkamp (2015)

Eifersüchte, ‚Liebesseufzer‘, Glücksgefühle und Zer-
knirschungen.

„Die sprachliche Inszenierung [als Schreiber seines Bu-
ches] hält den Tod des *Anderen* fern“, erklärt Barthes
und insistiert auf der Bejahung, auf dem hartnäckigen
der Liebe verhaftet bleiben, auf der Systematik der Liebe, die er auch für eine geradezu „religiöse Intimität“
hält, der man nicht ausweichen könnte. Selbst wenn die
Liebe nur „ein Schwarm von Figuren ist“, ist sie für ihn
doch auch Garant einer Wahrheit: „ich lasse den *Ande-*
ren in seiner Wahrheit existieren“, argumentiert er weiter, was nicht mehr so ganz glaubwürdig ist, wie ich
noch schildern werde. Barthes zitiert auch Goethes
Werther, der hinsichtlich seiner Liebe zu Lotte, einer
verheirateten Frau, inbrünstig seinem Freund Wilhelm in
einem Brief verkündet: „Ich begreife manchmal nicht,
wie sie ein anderer lieb haben kann, lieb haben darf, da
ich sie so ganz alleine, so innig, so voll liebe, nichts anderes kenne, noch weiß, noch habe als sie“. Na ja, das
klingt schon sehr nach Narzissmus und wahnhafter Ver-
kennung.

„Wilhelm“, sagt Werther zu seinem Freund auch an anderer Stelle, die Barthes nicht zitiert, aber die noch rigo-
roser die Ekstase dieser Liebe demonstriert, „was ist
unserem Herzen die Welt ohne Liebe . . Und wie wert
ich mir selbst werde, wie ich – dir darf ich‘s wohl sagen,
du hast Sinn für so etwas – wie ich mich selbst anbete,
indem sie mich liebt!“ Aber sie liebt ihn, diesen Narziss-

ten, wenn überhaupt, dann nicht gleichermaßen, und so verfällt er einer ausgeprägten Eigenliebe, indem er nicht einmal solch einen *Anderen* wie Barthes hat, der von sich selbst weiter schlüssig schreibt: „In Wirklichkeit begründet umgekehrt der *Andere* mich: nur mit dem *Anderen* fühle ich mich als ‚ich selbst'. Auf Grund dieser Beziehung weiß ich mehr über mich als alle, die von mir ebenfalls nicht wissen: dass ich liebe". Und so wird sein ganzes Buch zu einer umfassenden Beschwörung der Liebe. Musste er sie gegen seine homosexuellen Neigungen verteidigen? Klingt er nicht selbst ein doch bisschen so wie der von ihm zitierte Werther?

Ja, er musste sich verteidigen, und zwar nicht nur, weil die Homosexualität damals noch nicht so toleriert, sozial und administrativ voll gleichberechtigt und akzeptiert war wie heute. Vielleicht ist er nicht selbst der Narzisst, aber er stellt seine Liebe als den totalen Spiegel dar, in dem zuerst schon einmal er selbst darin zu sehen ist. Schließlich ging er auch einen Schritt weiter, wie er auch von A. Gide, J. Genet und wie neuerdings bekannt geworden auch von M. Foucault in Richtung Pädophilie getan wurde. Er unterschrieb mit vielen anderen Intellektuellen in dem siebziger Jahren des letzten Jahrhunderts einen Apell zu Entkriminalisierung der Pädophilie, was man heute wiederum nur schwer nachvollziehen kann, da inzwischen so viele Missbrauchsfälle mit deutlichen Folgeschäden bei Kindern und Jugendlichen bekannt geworden sind.

Ich habe versucht Barthes Biographie intensiver zu ergründen. Er lebte den größten Teil seines Lebens bei seiner Mutter, hatte wohl viele Liebespartner, was er seine Zweitfamilie nannte. Lange Zeit war er an Tuberkulose erkrankt. Der Biograph H. Algalarrondo gibt ein negatives Bild von Barthes ab, schreibt, dass Barthes auch in Kinderbordellen verkehrte und dass sein Werk unbesonders sei. Er war vielleicht eine etwas überblendete Lichtgestalt der Sechziger-Jahre, wo man anfing, endlich frei, lange jung, gay oder anders divers und revolutionär zu sein. Heute weiß man die Freiheiten nicht mehr so richtig einzuschätzen. Vor kurzem (März 2021) haben die Schwulen-Community und mit ihr viele andere heftig kritisiert, dass der Papst die Homo-Ehe nicht segnen will.

Es wäre doch ein Akt der Liebe, und so haben schon einige Priester damit angefangen, die Homoehe zu segnen. Warum nicht, aber müssen Kirche und Schwule nicht einen inneren Widerspruch lösen? Wenn man Whistleblowern das Bundesverdienstkreuz verleihen würde, könnte das durchaus gerecht sein, aber müssten der Staat und seine Geheimnisverräter dafür nicht vorher einmal die gesamten Grundlagen der Politik ändern und einen Mediator bestellen, der mit beiden Beteiligten die Frage klärt, welche Daten braucht das Volk, wer ist was und warum für wen?

Segnet die Kirche die Homosexuellen vielleicht, weil ihr sonst die Kunden davon laufen? Oder suchen die Homosexuellen das Gütesiegel einer Gerüchtegesellschaft, die ihnen ja ein Leben nach dem Tod in Aussicht stellt? Und wie wird es weitergehen, wenn die Priester dann auch die Fetischisten, die Voyeure und die Sadomasochisten segnen müssen? Beim Segen wie beim Staatsgeheimnis spielt etwas Paranoisches mit, ein halbverdeckter Diskurs nach dem Motto „ich sehe was, was du nicht siehst", obwohl beide blind sind. Meiner Ansicht nach hat jede Sexualität ihre Schattenseite, die man schlecht segnen kann, so wie jeder Mensch Geheimnisse hat, die man nicht unbedingt verpetzen sollte.

Auch der heterosexuelle Mann, der ständig eine andere Frau braucht und noch zehn weitere im Kopf hat, verdient für diese – quasi perverse – Neigung keinen Segen, wenn es einen solchen überhaupt gibt. So sehr die Ehe einen hohen Status, einen politischen Wert, eine starke soziale Orientierung hat, wäre mir selbst beispielsweise nie in den Sinn gekommen, dass mir Priester bei der Gestaltung meiner Ehe helfen könnten. Wir leben im Zeitalter der Selbstbestimmung, in der man sich ein bisschen von der Psychoanalyse abschauen kann, aber entscheidend durch Bemühung um Konsens der Partner ringen wird ringen müssen. Man wird als Mann die Frau nicht als Mutter sehen wollen, die Frau sich selbst nicht als Sexualobjekt so wie dies alles in der Ödipuskomplex-Struktur gut klargelegt ist. Die Homosexuellen sind meist gut darüber informiert, dass sie – was ich auch in Behandlungen oft feststellen konnte, eine Mutterfixierung und Angst vor die Liebe des Vaters haben. Doch in diesem Diskurs, in diese psychoanalytische Denkweise, wollen sie nicht einsteigen. Ja nun.

Zur Transgenderproblematik habe ich woanders Stellung genommen,[56] hier nur kurz Folgendes: der Transgender will nicht das andere sexuell bestimmte Geschlechtswesen sein, er will nur geschlechtlich ‚anders herum‘ normal und in dieser Normalität anerkannt sein, da er in der primären Identität diese Anerkennung nicht bekommt. Trotzdem ist die genetische und vor allem auch die COO-bestimmte geschlechtliche Identität ein amouröses Hindernis. Die Liebe des jungen Werther zu seiner Lotte ist wohl mehr ein amouröser Wahn gewesen, der solch eine delirante Grundlage gehabt haben könnte, wie es auch mancher Transgenderwunsch darstellt. Und so soll auch der Segen des Papstes bestätigen, dass die in der Homoehe Verbundenen n o r m a l schwul sind!

So lässt sich Liebe und Tod nicht ‚anders herum‘ verstehen. So verhält es sich ‚normal herum‘. Lotte war Werther so heilig, schrieb Goethe, dass alles Begehren in ihrer Gegenwart völlig verstummte. Es handelte sich um eine völlig sterile, sakralisierte und verkultischte Liebe, die jedoch ebenfalls ‚normal herum‘ war. Werther hatte keinen vollständigen *Anderen*, sein Freund Wilhelm steht eindeutig an dessen Stelle, er ist ein guter Freund und Werthers Briefe an ihn füllen fast den ganzen Ro-

---

[56] Hummel, G., v., Vater seiner Selbst, BoD, 2020

man aus. Aber auch sein und Barthes *Anderer* war nicht vollständig, er war zu sehr dem weiblichen ‚Liebesdiskurs‘ verhaftet, des Sprechens im Sinne eines ‚Ich liebe, also bin ich‘. Es handelt sich um ein Sprechen mit dem man aus dem Sprechen herauskommen will, und da soll eben die Liebe der entscheidende Angelpunkt sein.

Auch der frühe Freud hatte in seinem Kollegen und hauptsächlich ebenfalls Brieffreund W. Fließ einen Partner, dem Freud alle seine Gedanken speziell bezüglich seiner neuro-psychologischen Theorien schilderte. Man hat immer gesagt, Fließ sei somit Freuds Psychoanalytiker gewesen, dem er alles mitteilen konnte und der an seinem Werdegang interpretierend teilnahm. Freud selbst schrieb, dass Fließ „. . der einzige *Andere*, der alter per se,“ gewesen sei. Zumindest war es dies in der allerfrühesten Zeit der Entstehung der Psychoanalyse, der Fall.[57] Später kam es zu Auseinandersetzungen und so blieb auch dieser *Andere* unvollständig. Die Freundschaftsliebe zwischen Freud und Fließ reichte als Angelpunkt nicht aus.

Das Sprechen des Menschen – so Lacan – fing mit der Wiederholung von Losungs- bzw. Identitäts-Worten an. Es hatte noch einen ziemlichen Befehls- und Betonungs-Charakter, weshalb von einer Art ‚leerer Wiederholung‘

---

[57] Gay P: Freud. Eine Biographie für unsere Zeit. Frankfurt a. M: Fischer 1995.

ausgegangen werden kann.[58] Bekanntlich ist die Neurose, auch die der Angepassten, der Normalitätssüchtigen,
von einem Wiederholungszwang, zumindest einem Wie-
derholungsgeschehen, beherrscht, das mit den ersten
Identitätsbildungen entsteht, wovon ich noch im Kapitel
7 berichten will. So etwas innig Wiederholendes kann
auch einem Liebesgestammel innewohnen, wie man bei
Barthes oft den Eindruck hat. Bei ihm handelt es sich
natürlich nicht um das übliche Gerede, den gesellschaftlichen Tratsch, der auch oft ‚leere Wiederholung' ist.
Aber auch Liebesgedanken können so wirken, wenn sie
ständig mit der gleichen künstlichen Wärme vorgetragen
werden.

Barthes vertrat eben den Standpunkt: „Lieber die Trug-
bilder der Subjektivität als der Schwindel der Objektivi-
tät. Lieber das Imaginäre des Subjekts als seine Zensur."
Das ‚Ikonische' meines ‚Berg'-Imaginär-Realen aber
möchte ich durchaus einer Zensur stellen. Es soll ein
weiblicher Diskurs sein, aber einer, der gleichzeitig der
Tätigkeit des Signifikanten Rechnung trägt, der also
auch Sprachlich-Symbolisches mit berücksichtigt und
somit Anspruch auf eine ‚logische Praxis', auf eine Wissenschaft v o m Subjekt und damit auf einen vollständigen Diskurs hat, der den *Anderen* einschließt.

Mein ‚Berg' ist nur eine Beschäftigungstherapie mit dem
Bild-Wirkenden, aber eine, die mich über ihn hinaus-

---

[58] Lacan, J., Seminaire XIX, Vortrag vom 4. 5. 1972

führt in die Katharsis, in das ‚Durchrieseln‘, das mich
überhaupt dahin bringen kann, zum originären Wort-
Wirkenden des *Pass-Worts* zu kommen. Nur so gelingt
es das – vor dem Hintergrund des Existierenden – *Nichts*
zu durchdringen, und den die beiden verbindenden Tod
zu verwerten. „Du sollst minnen das *Nicht* und sollst
fliehen das Icht“, drückt Mechthild diesen Sachverhalt
poetisch aus. Man muss das *Nichts* lieben, muss es richtig ‚minnen‘, das ist ein Sterbeakt, womit das ‚anders
herum‘ von Liebe und Tod verwirklicht ist. Ich muss
von meinen ‚Berg‘, meinen ‚Baum‘, all die Bedeutungen
herunterholen, die noch Egomanisches beherbergen und
muss nur dessen Luzidität ins Symbolische überführen,
das in Lacans Knoten ja vom Tod erfüllt ist. Doch was
mache ich dann damit? Nun, ich orientiere mich an den
Pass-Worten.

Man kann dies – wie schon mehrmals angedeutet – auch
so verstehen: Das Sprechen, die Kommunikation funktioniert nie hundertprozentig. Man redet ständig aneinander vorbei, keine noch so anspruchsvolle Rede ist vor
Missverständnissen gefeit. Selbst das beste Juristen-
deutsch ist kontrakommunikativ, weil man den dort ver-
wendeten mehrfach verschachtelten Sätzen kaum noch
folgen kann. Deswegen sind ja die Psychoanalytiker auf
die Idee gekommen, speziell in der Lüge die Wahrheit
zu suchen. Da der Patient ‚frei assoziieren‘ soll, kann er
manchmal nicht mehr so perfekt lügen, und so kann man
ihm auf die Sprünge kommen. Das übliche Sprechen,

das normal Symbolische, ist zu Recht von Lacan in die mit dem Wort Tod gekennzeichnete Schlinge gesetzt worden.

Um in Verbindung zum Realen zu kommen, muss der analytische Diskurs daher den zu oberflächlichen Sinn außer Acht lassen und sich darauf berufen, hinter allem Gesagten entweder das JΦ, das plaisir phallique, das männlich dominierte, phallische Genießen zu erkennen und so die Wahrheit entlarven zu können. Oder er muss herausarbeiten, was das J$\cancel{A}$, die ‚Jouissance de l'Autre‘, das Genießen des *Anderen*, das weibliche Genießen bedeuten könnte. Orales, Anales, Phallisches, Blick und Stimme als psychische Objekte sind die Stützpunkte der herkömmlichen Psychoanalyse; damit wird alles durchgearbeitet, aber das ist keine endgültige Lösung. Alles beruht darauf, dass bis heute keine klare Aussage für die Beziehung der Geschlechter gefunden wurde. Selbst der auf diesem Sektor so gewiefte Lacan meinte, die Frau könnte nur glücklich im Zustand einer Art von Verstaatlichung sein. Mein Gott!

Lacan hat mehrmals die Beziehung Mann/Frau in einer mathematisch komplexen Quantorenlogik beschrieben, die intellektuell brillant ist. Sie ist aber, selbst wenn man sie als psychoanalytische Theorie versteht, nur mit Müh und Not vom Fachmann in der therapeutischen Sitzung anwendbar. Für eine philosophische, soziologische und sonstige Verwendung muss man sie in ein einfacher verständliches Konzept übersetzen, was ich hier versuchen will: Lacan geht davon aus, dass der Mann, das Sprechen und die sexuelle Funktion als Dreiheit eine reale Ausgangssituation herstellen, die das phallische Genießen ins Zentrum stellt. Es ist diese Drei, die den Anfang macht, was Lacan auch mit der Mengenlehre untermauert, bei der die Drei ja das Mindeste ist, mit dem man anfängt.

Der Mann kann wegen dieser dominierenden Drei zum phallischen Genießen (plaisir phallique) nicht grundsätzlich Nein sagen, er bleibt darin ‚endlich‘, zahlkonform, aber er zählt nur sich, während die Frau die Möglichkeit des Neinsagens dazu besitzt. Doch was hat sie davon, diese Möglichkeit zu nutzen? Sie bleibt wie die Jungfrau im Bereich der nicht Abzählbaren, der immer Gleichen und braucht so etwas Weiterführendes. Die Situation ist – wie man mathematisch sagt – unentscheidbar, und so bekommt in diesem Konflikt das Vater-Prinzip, Vater als EINs, als universelle Metapher, die Entscheidungsfähigkeit, mit der er/es die Frau in den Kreis der Bestimmer und Bestimmerinnen erhebt, wodurch sie abzählbar wird. Abzählbar steht ihr alles zu, die Freiheit zu bestimmen, aber auch ‚Visionen‘ zu haben.

Sie muss also nicht verstaatlicht werden, denn selbst wenn die Frauen in diesem hypothetischen Staat, der die Menschen verstaatlicht, die Mehrheit hätten, mit solch einem Begriff der staatlichen Ein- und damit wohl auch Unterordnung wären sie nicht einverstanden. Sie brauchen überhaupt kein Papier, auf dem etwas Regulierendes, einen Rahmen für ihr Sein Hergebendes oder sonst irgendein XY steht (ich nehme diese Zeichen, weil sie bereits im Chromosomensatz das Männliche vertreten). Während der Mann sich nur als „irgendeiner" in die Position der ehelichen oder auch nicht ehelichen Beziehung bringt, weil er ‚endlich' ist und nur sich zählt, wird die Frau bezüglich des mathematisch logischen Vater-Prinzips ‚abzählbar', und ist speziell im Verhältnis zu sich als „jede Frau" existent.[59] Der Weisheit letzter Schluss ist das vielleicht auch noch nicht.

Aber anders gefragt, wenn es stimmt, dass die Frau den Bezug zu „jede Frau", zum All des Weiblichen, in der allgemeinen Gesellschaft einnimmt, um eine Frau zu sein, warum sollen dann alle – und natürlich nicht nur die Frauen – noch hunderte von Stunden in Psychoanalyse verbringen? Denn dort würde man ja zuerst einmal gar keinen Begriff, Rahmen, Staat oder Zahlentheoretisches benötigen, und wie würde man das Ergebnis bezeichnen? Mit dem Sprechen, dem Wort-Wirkenden allein, das männlich dominiert ist (Herrendiskurs, Signifikant 1) würde es ja nicht gelingen. Wieder bin ich an der Stelle, wo man sich nach dem Zusammenschluss mit dem ‚Ikonischen', dem vom Weiblichen Dominierten, fragen muss und wo ich meine *Analytische Psychokatharsis* anbieten kann, in der nach dem Eintritt ins Bild-Wirkende, ‚Ikonische' der Sprung ins Wort-Wirkende gerade dadurch ermöglicht wird, weil hier nicht mehr

---

[59] Lacan, J., Seminaire XVIII, Edit. Seuil (2006) S. 147

das plaisir phallique, sondern die „Jouissance' als solche, die Katharsis, die Situation regiert.

Lacan meinte es freilich nicht so krass wie oben formuliert: Um die Frauen nicht der Vatermetapher allein unterzuordnen, suchten die Psychoanalytiker nach einer speziellen, weiblichen Logik, Selbst-Logik. Doch Wort Logik eignet sich ebenfalls nur schlecht für eine Unterscheidung in männlich und weiblich, wo doch – im Unbewussten – Mann und Frau das Gleiche sind. Das heißt, bis in alle Ewigkeit wird man männlich und weiblich, Mann und Frau, X und Y sagen, wobei jeweils andere Voraussetzungen, andere Worte und andere Bilder, dafür verantwortlich sein werden. Hier schlage ich vor eine gelungene, gereifte, gute Kombination der beiden in Form des *Strahlt / Spricht* durch die Anwendung der *Analytischen Psychokatharsis* zu finden.

Denn solch ein Element fehlte bisher. Bei den Philosophen mangelt es an der Praxis, bei den vielen Psychopraktiken die heute angeboten werden, fehlt es an klarer, wissenschaftlich präziser Theorie und bei den Psychoanalytikern fehlt oft noch diese gelungene, gereifte, gute Kombination der Grundkräfte in der Praxis. Dabei könnte auch hier schon Mechthild von Magdeburg einen Hinweis geben. Sie lässt das Vater-Prinzip in der totalen Minne aufgehen, die so die perfekte EINs repräsentiert. Doch mit all den Gegenprinzipien (Teufeln) und mangels wissenschaftlicher Theorie muss sie schreckliche Qualen erleiden und sich sogar noch welche zufügen.

Allerdings wendet sie einen geschickten psychoanalytischen Trick an, um nicht zu suggestiv zu wirken.

Bekanntlich muss der Psychoanalytiker seinem Patienten
hintenherum die sogenannte Grundregel auferlegen,
nämlich alles zu sagen, was ihm immer in den Sinn
kommt, auch Peinliches und Blödes. Das Auferlegen der
Grundregel stellt im Grunde genommen eine Manipula-
tion dar, die von vornherein die freie, assoziative Begegnung von Analytiker und Patient stört. Nur, wie sollte er
es anders machen? A. Ferro sagte, „mit der Grundregel
legt man einen schon auf einer vorgelegte Fahrbahn",[60]
das ist nicht mehr spontan. Er versucht es mit einem
„Erzählen Sie was", aber das ist oft am beunruhingends-
ten. Einfach erzählen? Ja was? Ähnlich arrangiert
Mechthild dies mit ihrem Gott. Doch bei ihr sind beide
erzählfreudig.

Sie hat zuerst das Vater- bzw. EINs-Prinzip Gott zuge-
ordnet und das heißt der Minne als solcher, der göttlichen Minne. Freud würde sagen, das ist das Äußerste,
was man mit einer Selbstsublimierung erreichen kann.
Doch Mechthild erreicht noch mehr. Nicht sie ist minnekrank, „er [Gott] ist minnekrank nach ihr", argumentiert
sie.[61] Er ist hinter ihr her, er will sie minnen wo und

---

[60] Ferro, A., Pensieri di uno psicoanalista irriverente, Raffaelo
Cortina (2017) S. 64
[61] Mechthild von Magdeburg, Das Fließende Licht der Gottheit,
Verlag der Weltreligionen (2010) III, 2

wann immer es geht. Das ist geschickt, wenn auch etwas beunruhigend, ist aber eine stabile Ausgangsposition, und so kann sie ihre Lehre errichten und von ihren Erfahrungen schreiben. Anerkannt haben sie damals nur wenige.

Dennoch kann man davon ausgehen, dass sie glücklich war. Obwohl fremd und allein im Alter von etwa zwanzig Jahren nach Magdeburg gekommen, hatte sie sich als Begine einem Laienorden angeschlossen. Sie gewann Zuhörer und Leser, wurde auch bei allgemeinen Lebensfragen um Rat gebeten, und zog sich erst für die letzten zwölf Jahre ihres Lebens in ein Kloster zurück. Visionsartige Erfahrungen hatte sie schon als Jugendliche und benötigte ihr Leben lang niemand anderen, denn sie hatte sich einfach den Höchsten als Geliebten ausgesucht, und was sollte da schiefgehen? Auch wenn man das Übergeistigte und unbewusst Erotisierte außer Acht lässt, muss man sie eine große Persönlichkeit nennen, von der man auch heute noch viel lernen kann.

5. Tod, der absolute Herr?

Ich habe jetzt drei Kapitel vorwiegend dem Thema Liebe gewidmet, jetzt ist der Tod an der Reihe, denn für die letztliche Einsheit ist er genauso notwendig, sowohl bei Lacan als auch bei Mechthild. Die Einsheit könnte so aussehen wie sie Lacan in seinem Bo-Knoten anvisiert hat, sich aber am besten dadurch darstellen lässt, dass man die Liebe in ihrer Beziehung zum Tod von dessen Seite her noch viel direkter thematisiert. Das ist freilich ein uraltes Unterfangen, es kommt schon bei Orpheus und Eurydike vor, wo die Liebe den Tod besiegt, dann aber doch versagt. Oder bei Sisyphos, der sogar zweimal den Tod (Tartaros) überlistet, worüber ich anderweitig berichtet habe. Darüber hinaus existiert seit jeher ein Streit darüber, ob es ein Leben nach dem Tod gibt oder eher nicht. Doch neuere neurowissenschaftliche Untersuchungen könnten diesen Streit in einer Weise lösen, die beiden Auffassungen gerecht wird und immer noch ein bisschen mit der Liebe zu tun hat. Eins mehr.

Ich spreche diesbezüglich von einem Leben i m Sterben oder gar vom Leben i m Tod, also von einem Zustand, der von außen betrachtet als Lebensende gesehen wird und mit Elektroencephalographie, funktioneller Magnetresonanztechnik und anderer wissenschaftlicher Methoden präzise festgestellt werden kann. Aber von innen her sieht dieser Tod ganz anders aus. Das behaupten nicht nur viele Mystiker oder Mythenerzähler, ich will auch

Neurowissenschaftler zitieren und psychoanalytische Argumente anführen, wie im Übergang vom Leben zu einem allerletztlichen Tod noch andere, derart regressive, also zu elementareren psychischen Verfassungen rückkehrende Vorgänge, Bedeutung im Sterbevorgang haben. Denn so gesagt lässt sich das Sterben nicht nur erlernen, wie man oft von Esoterikern hören kann, sondern schon lange vorher in seiner psychischen Struktur erfahren, wozu eben eine Liebe ganz anderer Art notwendig ist.

In der Karwoche 2019 veröffentlichte der Neurowissenschaftler Nedan Sestan in der renommierten Fachzeitschrift *Nature* einen Artikel, worin er beschrieb, wie Gehirnzellen bei Tieren Stunden nach deren Tod und damit ohne Sauerstoff noch neurologische Lebenszeichen von sich gaben. Die Forscher stellten klar, dass das Gehirn nicht mehr durchblutet war, sondern das Gefäßsystem nur mit einer inerten, also reaktionslosen, still stehenden Flüssigkeit gefüllt war. „Die Forscher konnten an Gewebeproben des Gehirns zeigen, dass dessen Neuronen nach entsprechender Stimulation elektrische Signale austauschten. Der Sterben der Gehirnzellen nach Sauerstoffmangel sei offenbar ein schrittweiser Prozess".[62] Es ist also nicht nur ein Gehirnstoffwechsel vorhanden, sondern es existiert ein Informationsaustausch im neuronalen Netzwerk des Gehirns. Dies hat freilich nichts mehr mit dem Lebensbegriff zu tun, wie wir ihn üblicherweise für

---

[62] Albrecht, J., Brendler, M., Bericht in der FAS vom 21. 4. 2019. S. 53

unser Dasein verwenden.[63] Aber irgendetwas ist noch da und verdient durchaus den Begriff Leben, wenn auch in ganz anderer Art.

Dies lässt sich schon allein daran sehen, wie und was in der Diskussion über diese neurowissenschaftliche Studie von N. Sestan in Nature weiterhin ausgesagt wurde. Zum einen, dass diese Neuronensignale bis zu sechs Stunden nach dem Tod des Tieres und damit ohne Sauerstoffversorgung nachgewiesen werden konnten. Zum anderen wurde argumentiert, dass in dieser Zeit nach dem offiziellen von außen her bestimmten Tod trotz der andauernden Reaktionszeichen mit keiner Art von Reanimation wieder wirkliches Leben, also Gehirntätigkeit mit „höheren Funktionen" zu erwarten sei. Das Leben sei damit so oder so beendet und damit sei die Studie nicht sehr interessant, behauptete einer der Studienkommentatoren. Aber was heißt hier wirklich beendet und was heißt zudem „höhere Hirnfunktionen"? Geht es überhaupt um solche Besonderheiten?

Wie an den Begriffen Regression, seelische Rückkehr, oder gar Involution zu frühkindlichen Erfahrungsstadien erwähnt, sind solche Zustände in Psychologie und Neurologie und speziell in der Psychoanalyse ja als für gewisse Erholungs- und Wiederherstellungsvorgänge bekannt,

---

[63] Man hat immer schon von verschiedenen Sterbestadien gesprochen, aber ein wissenschaftlicher Beweis ist mehr wert als der Mythos.

notwendig und viel wichtiger, als die voll bewusste geistige Verfassung. Man spricht dann zwar nicht von ‚tieferen Hirnfunktionen‘, sondern von elementareren, ursprünglicheren Hirnfunktionen oder – wie Freud es tat – vom Ur-Verdrängtem, also der ersten Verdrängung, einem Zustand psychischer Notwendigkeit, mit der dann die weniger verdrängten Bereiche erklärt werden können. Dieser Zustand ist auch den Geschehnissen im Bereich der Vorstellungsrepräsentanz und den frühesten Triebverknüpfungen (*Strahlt / Spricht*) gemein. Mein ‚Berg‘ ist nur eine ‚Verschiebung‘ dieser Triebverknüpfung ins ‚Ikonische‘, das heißt er betont besonders stark die bildhafte Seite dieses ganz frühen seelischen Aufbaus.

Gerade diese elementareren Zustände – ob man sie nun neurowissenschaftlich oder psychoanalytisch versteht ist egal – sind für das Leben im ursprünglichen Sinne, im unbewusst Psychischen und im körperlich Biologischen bedeutsam und wichtig. Vor allem der Neurologe A. R. Lurija hat einen Zusammenhang von Gehirn und Unbewussten schon vor Jahrzehnten begründet, der das Freud'sche ‚Es‘, also das Reservoir der Triebkräfte mit Mittel- und Zwischenhirnregionen in Beziehung setzte. Es geht also nicht um das Großhirn und seine sogenannt „höheren Hirnfunktionen“, die wesentlich für die Basis des Seelischen sind, sondern eben um die elementareren Ebenen und Funktionen, die seelisch nicht minderwertig sind. Im Gegenteil, im Liebesleben und im Sterben nehmen sie sogar die Hauptposition ein.

Das Ich (samt Ichideal und Überich, das planende und alles überdenkende Frontalgehirn, genauso wie die isolierte Wort- und Bild-Verarbeitung (im Temporal- und im Hinterlappen) stören das Grundseelische nur, das im Traum, aber auch in Meditation, bei bestimmten religiösen Erfahrungen, in der Psychoanalyse und vor allem auch im Sterbevorgang zum Zug kommt. Dieser Aspekt eines irgendwie gearteten Lebens i m Sterben, das ich wie erwähnt am liebsten sogar als das Leben i m Tod (im Gegensatz zu einem n a c h dem Tod) bezeichnen würde, ist für die Debatte um ein ‚anders herum' (von Liebe und Tod) wichtig. Für eine mögliche Reanimation und Rückkehr zu sogenannten „höheren Hirnfunktionen" (mit denen ja zudem oft die schrecklichsten Dinge getan werden) spielt diese Art des Lebens demnach keine so wichtige Rolle mehr. Dies ist auch nicht notwendig, ja vielleicht sogar Voraussetzung dafür, das dieses Leben ganz anderer Art noch stattfindet.

Für das Leben in der von der Psychoanalyse her erfassten Regression (oder seelisch-physischer Involution) ist diese noch stundenlang andauernde Phase neuro-psychischer Vorgänge, wie Sestan sie erforscht hat, ein wirkliches ‚anders herum'. Im Volksmund hat es immer schon geheißen, dass in den letzten Momenten des Weggehens, Wegdriftens, das ganze Leben nochmals wie in einem Film vor einem abläuft, doch ich glaube nicht, dass es sich so verhält und es auch nichts bringt, denn es vermittelt ja keine Lösung. Eher erscheint glaubhaft, was mir oft Angehörige meiner Patienten berichteten, dass sich die Gesichtszüge des Verstorbenen noch lange nach dem sogenannten Todeszeitpunkt verändert hätten. Sie hätten meistens entspanntere oder anderes charakteristische Formen angenommen. Der Sterbende hat also noch eine besondere Mimik erlebt.

Zwischen dem Leben mit „höheren Hirnfunktionen" und dem endgültigen Tod besteht also offensichtlich ein ausgedehntes Zwischenreich. So könnte man auch sagen, dass man nicht den Tod wie Sisyphos, sondern das Leben überlisten muss, selbst im Tod (oder zumindest im Sterben) noch etwas zu überdauern. Denn was wir brauchen ist ein Subjekt ‚ohne Kopf', wie Lacan sagt, also ohne Kopflastigkeit, wie es die höheren Hirnleistungen" darstellen.[64] Das unbewusste Wahrheitswissen drängt nach außen, aber direkt (vom Irrationalen zum Rationalen wie in der psychoanalytischen Sitzung) kann das Unbewusste solch eine Bewusstwerdung im Sterbezustand nicht mehr leisten, sie befindet sich ja in der erwähnten naiven Bewusstheit, in der man keine ausgefeilt logischen Deutungen mehr benötigt.

Die Bewusstheit, dieses Seelische ‚anders herum', findet sich auch im Zwischenreich des Sterbens, und sie gleicht genau der Bewusstheit der frühen Hominiden, bezüglich derer ich schon S. Kleins These von der ursprünglichsten Kreativität berichtet habe. Sestan hat

---

[64] Lacan, J., Seminaire XI, Seuil (1964) S. 165

Recht, man braucht nicht viel Gehirn dazu, das Drittel, das die Hominiden hatten, genügt. Dafür aber findet die Seele in diesem .Zustand die perfekte Verschränkung von innen und außen, d. h. sie nimmt diesen Unterschied nicht mehr für wichtig und kreiert noch die wesentlichsten Kombinationen dieser beiden Grundelemente des Seelischen, die ich das Bild- und das Wort-Wirkende nenne (Lacans imaginären und symbolischen Signifikanten), in sich selbst.

Das heißt, es gibt in diesem Zustand des Zwischenreichs nur ein sehr reduziertes Bewusstsein, aber umso mehr Bewusstheit, wovon ich schon berichtet habe. Bewusstheit ist die einfachere, direktere Weise von Aufmerksamkeit, eine Art von Hellhörig- und Hellsichtigkeit, die an den luziden Traum erinnert, und sie ist im regressivsten, schon halbtoten Zustand am konzentriertesten, penetrantesten und zugespitztesten. Wenn man von jemanden sagt, er lebt bewusst, meint man nicht, dass er wachbewusst ist, dass er Spiegelbewusstsein hat, sondern dass er durchwirkt ist von einer Zielgerichtetheit oder Klarheitsorientierung, die nur nach innen geht. Es geht um eine ausschließlich ins tiefste (oder höchste) gerichtete nicht Wahr- sondern Wirklich-Nehmung, primäre Vorstellungskraft, Verschmelzung von Eros und Tod, Bewusstheit per se.

Dies ist auch der Grund, warum ich von den Schritten gesprochen habe, mit denen man das Sterben schon vor dem allerletzten Tod erlernen kann, also bereits ähnliche

Erfahrungen mit Regression, seelischer Zurückziehung und Verarbeitung primärer psychischer Strukturen gemacht hat. Denn es ist wohl möglich durch ein intensives meditatives, psychoanalytisches, ein irgendwie erneuertes selbstsublimierendes Training oder sonst etwas Ähnliches, ein Sterben im Leben zu fingieren, zu ‚visieren‘ oder nachzubilden, also so authentisch wie möglich zu strukturieren, um davon für das eigentliche Leben zu profitieren. Denn nur so macht es einen Sinn, die Frage nach dem Leben i m Tod, wie sie unter anderem von dem Artikel in der Zeitschrift *Nature* aufgegriffen wurde, neu zu beantworten.

Eher hilft ein Blick in die Verschmelzungs-Sehnsucht bzw. das entsprechende Phantasma, das wohl im Zusammenhang mit der Trennung von der Mutter und mehr noch – wie erwähnt – von der plazentaren Mitseins-Bewusstheit, zu tun hat oder im frühen Trauma entsteht. Eine wirkliche Verschmelzung wird im üblichen Leben nie befriedigt oder zu Genüge erreicht. In der Phase dieses Lebens i m Sterben wird sie aber offensichtlich möglich, rudimentär erfahrbar oder regressiv/progressiv abgeschlossen. All dies erklärt zwar auch, warum im religiösen Bereich und auch anderswo von einem Leben n a c h dem Tod gesprochen wird.

Man kann sich nämlich nicht vorstellen, dass das Leben ohne einen sinnvollen und erlösenden Vorgang beendet werden soll. Aber dass nach einem totalen körperlichen Zerfall ganz woanders eine Art von Leben wieder möglich ist, klingt unplausibel. Und so liegt also sowohl von der Psychoanalyse wie auch vom religiösen, spirituellen Verständnis aus gesehen eine plausible Lösung des Problems vor, wenn man sich auf diese spezielle Phase einer Bewusstheit im Sterbevorgang, einer Bewusstheit des Daseins in seinem ‚anders herum' konzentriert, anstatt sich wahnhafte Hoffnungen zu machen.

Im Tibetanischen Totenbuch geht es ebenfalls um dieses Zwischenreich, hier jedoch um die Zeit zwischen Tod und der am Ende des Lebens zustande kommenden Wiedergeburt.[65] Und es handelt sich bei diesem Leben i m Sterben, die gar keine Seelenwanderung sein muss, sondern ein statischer Vorgang ist, um die Liebe zu bestimmten Göttern und nicht um eine unter den Menschen. Die dunklen, infraschallartigen Geräusche und Gesänge sollen den kaum noch zum Hören fähigen Sterbenden leiten, etwas Umwandelndes, Verschmelzendes zu durchqueren. Ob dies noch funktionieren kann, wenn man vorher nicht meditiert hat, ist wohl fraglich. Doch egal, dies sind alles nur Mythen und mystische Schilderungen.

In dem Konzept, das ich hier darstellen will, geht es in differenzierterer Weise als ich es bei M. Mitscherlich zitiert habe, um die Liebe zu sich selbst, zu sich in Form dieses *Anderen*, der bei Werther durch seinen Freund Wilhelm nicht genügend ausgeprägt und bei Barthes et-

---

[65] Hauf, M., Das Tibetanische Totenbuch, Piper (2003)

was gebrechlich und ungenau geblieben war. Dieser *Andere* ist nicht eingebildet, imaginär, wie Barthes es für ihn ausreichend beschreibt, sondern er hat auch an den anderen Kategorien des Lacanschen Knotens, am Symbolischen und Realen teil. Und die Liebe zu ihm und von ihm zurück ist Bestandteil jeder Psychoanalyse, auch wenn sie dort losgelöst von der Sexualität, aber nicht losgelöst von der Libido wirkt. Selbst die Aggression und der Tod ist dort libidinös, und sollte so in die Bewusstheit miteingehen.

Ob der erste *Andere* die Mutter ist oder nicht, spielt keine große Rolle. Denn die ganz frühe Mutter kann alles und nichts sein, das Kleinkind glaubt sich als Teil von ihr selbst, und erfährt sie dann wieder als etwas monströses *Anderes*, Ur-Verdrängtes, von dem man gar nichts sagen kann, denn Worte gibt es in dieser Frühphase noch nicht. In der Psychoanalyse wird diesbezüglich vom ‚Präödipalen' gesprochen, also einer etwas unklaren, unreifen und unkontrollierten und noch vor der durch die Ödipuskonstellation hervorgerufenen seelischen Verfassung. In der Ödipus Sage wird dies durch die Figur der Sphinx repräsentiert. Es geht um die verführende aber auch aggressive Mutter Imago.

Auch der Begriff der von A. Freud konstatierten ‚Identifikation mit dem Angreifer' erscheint mir noch als das plausibelste, denn in der totalen Hilflosigkeit einem Aggressor gegenüber ist man nur Schrei, aggressiv gegen sich und andere. Ich erinnere mich nicht an so etwas, aber eine ‚Vision' und weitere Konstruktionen haben mir etwas Derartiges nahegelegt. So vermeinte ich einmal eine Trauma bezogene Vision gehabt zu haben, die die Kriegsgeschehen in Finnland darstellte als ich geboren wurde, eine Art von Reinkarnationsphantasma (ich starb sozusagen in Finnland im Kriegsgeschehen, und wurde woanders wiedergeboren). Aber es handelte sich wohl um eine Freud'sche Deckerinnerung. Doch was deckt diese Erinnerung zu? Es muss sich um diejenige Art der Erinnerung handeln, die das wirklich Stattgefundene bewahrt ohne es zu enthüllen. Die Ordnung des Imaginär-Realen ist ziemlich chaotisch, aber sehr bald erkannte ich, dass die finnischen, weißgekleideten Soldaten vielleicht mit den gleichermaßen weiß gekleideten Ärzten identisch sind, die mir schon in meinem ersten Lebensjahr schwer zugesetzt haben.

Denn es gab damals eine nicht glücklich verlaufene Operation. Ich hatte mir eine Leistenhernie zugezogen. Die Narkosen waren zu dieser Zeit noch simpel. Intubation existierte noch nicht, es wurden direkte Sauerstoff-Äther oder Sauerstoff-Chloroform Narkosen verwendet. Die Ärzte operierten jedoch nicht nur die Hernie, sondern nahmen mir auch gleichzeitig den Blinddarm heraus, was wohl mehr Übungszwecken diente, denn er war nicht entzündet. Doch dadurch geriet die Narkose zu lang und zu ungesteuert. Ich erlitt ein schweres Durchgangssyndrom, war nicht mehr richtig da, schlug tagelang mit dem Kopf hin- und her und die Füße an den Fersen zusammen, so dass sich dort tiefe Wunden bildeten, deren Narben noch fünfzig Jahre später zu sehen waren.

Es war so etwas wie Freuds erstes Trauma, das ‚urverdrängt' ist. Als späteres Trauma beschreibt Freud die so genannte traumatische ‚Urszene' als den Blick ins elterliche Schlafzimmer. Es handelt sich um eine Verführungsszene, dramatisch, erotisch-aggressiv, aus der man ausgeschlossen ist, fremd, verstoßen, wie verraten und allein gelassen, aber dies wird erst ‚nachträglich' – wenn man die Zusammenhänge erkennt - traumatisch. Doch meine traumatische, narkosebedingte ‚Urszene' war mehr schmerzhaft, vergewaltigend, physisch verletzend und verwirrend. In der Bett-‚Urszene' wird der libidinöse Affekt verdrängt und in der Peinlichkeit des ‚Nachträglichen traumatisch. Im realen Trauma aber wird ein seelischer Teil weitgehendst abgespalten. Ja selbst die Mutter kann dann zum ‚Angreifer' werden, wenn sie Wünsche des Kindes nicht adäquat erfüllt und das Kind von der Brust vorschnell entwöhnt wird oder sonst etwas real Verletzendes passiert.

Die Sache mit Finnland war ein okkultistischer Deutungsversuch, eine ‚Identifikation mit dem Angreifer', eine Flucht vor dem *Anderen* und doch zu ihm hin. Damals wusste ich noch nicht, dass der *Andere* ein Doppelgesicht hat, und dass man seine Negativität akzeptieren muss. Solch ein Operations- und Narkosetrauma kann gut die Basis für eine traumatische Spaltung hergegeben haben. Die seltsamen Erinnerungen versuchen dies nun zu verdecken, und doch war die Beschäftigung damit eine Erfahrung, die mein Leben später bereichert hat, denn es hat mich zur Psychoanalyse geführt und zum Schreiben über das Verfahren der *Analytischen Psychokatharsis*. Egal also wie die ‚Urszene' oder das Trauma aussieht, man wird sie nie völlig wiedererinnern, denn dies wäre nur wieder verletzendes, traumatisches Horrorszenarium oder führt in die Neurose, es sei denn, man lernt *L'Autre*, das, den *Andere(n)* zu lieben, auch als Tod ‚anders herum'.

Den Tod als solchen, als absoluten, kann man nicht erleben, selbst wenn man ihn vorher erahnt hat. Man kann es einkreisen, doch dabei wird es immer mehr ein Etwas, mit dem man umgehen kann, auch wenn es negative Seiten hat. Wenn die Menschen oft glauben, sie seien nicht genug geliebt worden, hängt es immer damit zusammen, dass sie nicht verstanden haben, dass selbst, aktiv, sogar so etwas wie die Negativität oder das Tödliche des *Anderen*, lieben zu können, mehr wert ist als alles andere. Das wusste Mechthild von Magdeburg besser als wir heute, denn sie hatte auch für das Tödliche, für das ‚anders herum von Liebe und Tod', ein Konzept.

"Ich stürbe gern aus Minne", schreibt sie, womit sie ideal das ‚anders herum von Liebe und Tod' meistern kann.[66] Denn sie macht den Tod zu ihrer Leidenschaft, aber

[66] Mechthild von Magdeburg, Das Fließende Licht der Gottheit, Verlag der Weltreligionen (2010) II, 4 S. 46

nicht, weil sie suizidal ist, sondern weil sie dadurch im Genuss ihrer Liebe weiter aufsteigen kann. Sie weiß, dass sie in dem ‚anders herum' der am Sterben beteiligten Liebe gar nicht wirklich sterben wird, denn "die klare Liebe von spielender Flut bereitet der Seele süße Not, sie tötet sie auch ohne Tod".[67] Den letzten Tod sterben oder gar selbst herbeiführen, würde absurd sein, das sagt sie ganz klar. Doch auch ohne den realen Tod sollte man sterben können, man sollte es rechtzeitig lernen. Man wird es nur lernen durch ein Mitwirken des ‚anders herum' der Liebe, die den Sterbevorgang, die tiefe Regression ins Unbewusste, zu einer süßen Not machen wird. Zu einer Verschmelzung.

Was Mechthild so gut vermittelt, ist die Kombination der beiden Grundkräfte (der Verschmelzung ähnlich), auch wenn diese freilich nicht die gelungene und voll gereifte Art vermitteln. Aber die enge Verbindung der Kräfte ist da, die Legierung der Triebe, wie Freud sagt. Diese Legierung findet zwar auch im üblich angepassten Menschen nicht die volle Reife oder Güte, sondern verfängt sich in wechselnden, psychischen ‚Objekten' (den oralen, phallischen, vokalen, etc.). Ziel in der Psychoanalyse gilt das ‚gute, konstante ‚Objekt', die ‚Objektkonstanz' der gereiften Psyche, die viele Psychoanalytiker selbst nicht erreichen. Bei Mechthild ist die ‚Objektkonstanz' wenigstens immer da, sie besteht in der Minne und gleich-

---

[67] Wie oben, III, 13, S. 99

zeitiger Erkenntnis ("Minne ohne Erkenntnis dünkt die weise Seele Finsternis").[68] Darunter tut sie es nicht.

Ihre Liebe ist keine aus Erinnerung, so wie ihr Sterben nach vorne hin erfolgt, während die meisten Menschen den Tod schon lange vor dem endgültigen Ende zurück ins Bewusstlose und in die Unbewusstheit sterben. Es ist ja gut, dass sie das Leben genießen, den heutigen Wohlstand mit Haus, Garten, Auto, Fernreisen und abends in schönen Lokalen Freunde zu guten Essen treffen. Aber dann nehmen sie den Tod hin, der ihnen alles nimmt und haben nie gelernt, dass man vorwärts sterben muss, nicht rückwärts. Nach vorne, freilich nicht ins fertige Bild, wie ihnen Theologen prophezeien, sondern nach vorne ins Dunkel, ins Ungewisse, in die noch unentdeckten Bereiche des zentralen Nervensystems bzw. ins Netzwerk des Unbewussten, zur Kommunikation mit dem *Andern*, in die naive Bewusstheit (Mechthild hat dies alles schon hinter sich, da ihr Dunkel ja immer erhellt ist).

In meiner Jugend war der *Andere* meist noch der Vater, bei uns in Deutschland sogar der Nazi-Vater, und man hat ihn samt seiner Negativität verinnerlicht. Doch wie erwähnt war für Lacan der Vater nicht mehr der Maßstab, sondern die – ebenso verinnerlichte – logische Selbst-Struktur. Die innere Negativität, die Gedanken, die man bei sich selbst nicht mag oder gar hasst, die Negativität des *Anderen* in einem selbst, rollt die Selbst-Struktur von

---

[68] Wie oben, I, 21, S. 20

der anderen Seite her auf, vom ‚anders herum‘. Wenn es im Neuen Testament geheißen hat „Liebet eure Feinde“, so hört sich dies noch paradoxer an als die Aufforderung, die Negativität des *Anderen* zu lieben. Aber es ist wohl das gemeint.

Es betrifft den gleichen Weg, nämlich über den Aufbau des ‚Ikonischen‘, über das ins ganz Menschliche aufgebaute Bild-Wirkende, über das *Strahlt* einer widersprüchlichen Liebe, zum gleichen Resultat zu kommen, wie es seit jeher die Philosophen taten und jetzt die Psychoanalytiker tun: eine Dialektik zu formulieren, die mit der These beginnt (z. B. zu sagen, dass die Liebe die Basis allen Seins ist), zur Antithese führt (dass man dafür, für diese passive Liebe, nichts bekommt), was die Synthese nahelegt, nämlich das Unmögliche, das scheinbar Feindliche, das immer wieder zum Durchhalten, Aushalten Ermunternde, die Negativität des *Anderen*, trotzdem zu lieben.

Man muss die *Formel-Worte* lieben, diesen Lacanschen Zopf, der einen dabei hilft, sich aus dem psychischen Sumpf zu ziehen. Was beim Baron Münchhausen pure Fiktion ist, gilt in der *Analytischen Psychokatharsis* als der Teil einer realen Leiter. Neben der Liebe in der genannten Form, der Form des ‚Ikonischen‘, des Bild-Wahren, des *Strahlt* ist es nun auch der Tod, das Wort-Wahre, das *Spricht*, das Cà parle dans l‘inconscient’, das gehört werden muss. Denn wie gesagt, die Menschen sprechen meist aneinander vorbei, aber der Tod sagt die

Wahrheit. Er sagt sie deswegen, weil er immer der leere, der nihilierende Signifikant ist, der, der im Sprechen stets die Null, das Nichts repräsentiert. Immer steht er als Schatten hinter den Ereignissen, aber, das Schöne daran: er bleibt der Schatten, er spendet ihn, wenn es zu hell wird.

Zu hell von den zu Gescheiten, den Alleswissern, den ‚Non Dupes‘ (Nicht Blöden), die ‚errent‘ (irren) wie Lacan sein XXI. Seminar betitelte. ‚Les Nom du Père‘ (die Namen des Vaters), ‚Les Non du Père‘ (die Nein des Vaters) und ‚Les non Dupes errent‘ lauten im Französischen auf Grund der dort immanenten Homophonie alle gleich. So ist die Sprache des Unbewussten, so sind die *Formel-Worte* und so ist auch die Aussage des Todes aufgebaut, skandiert, strukturiert. „Seien Sie Dupes“, ruft Lacan ‚mehrmals in diesem Seminar seinen Hörern zu. „Seien Sie nicht immer zu viel im Kopf, verstehen Sie nicht immer alles zu voreilig und zu schnell“! Auch weil der Psychoanalytiker oft zu direkt die Symptome seines Patienten zu verstehen glaubt, bringt er mehr Widerstand in die Wahrheitsfindung als der Patient selbst.

Dennoch, an dem ‚Les non Dupes errent‘ kann man auch den Jargon des Todes heraushören, der einem immer etwas zuflüstert und man begreift es nicht ganz. Deswegen muss man ihm ganz ‚anders herum‘ drehen und wissen, dass die Nicht-Blöden, die Klugscheißer, immer fehlgehen, und dass das Nein des Vaters gegenüber dem Sohn (rühr die Mutter nicht an), gegenüber seiner Frau (friss die Kleinen nicht auf), und gegenüber sich selbst als Eigennamen, Bestimmer-Logik, immer da ist (auch wenn sie noch durch ‚Visionen‘ ergänzt werden muss). So gesehen ist der Tod nicht der absolute Herr, weder bei Mechthild noch bei dem, der sich mit der *Analytischen Psychokatharsis* herumschlägt, auch wenn es irgendwo ein absolutes Ende gibt, das man dann ja auch ersehnt.

Ich will gleich im nächsten Kapitel zeigen, wie Lacan über das Schöne die von mir so favorisierte Seite des Bild-Wirkenden ins Gewebe des psychoanalytischen Wort-Wirkenden hereinholt. Das Schöne der Liebe holt er über den Begriff des Aufregenden, des Exitativen herein (eine abgeschwächte Form der Minne), beim Tod dagegen geht es um das Wahre. Es genügt, ihn als das gesehen zu haben, was er – wie geschildert – selbst nach dem medizinisch festgestellten Tod noch an Lebendigem vermag. In dieser tiefsten Möglichkeit der Regression ist man nicht völlig unbewusst, wie schon erwähnt unterscheidet sich die Bewusstheit vom Bewusstsein.

Bewusstheit muss nicht unbedingt mit diesen albernen bewussten, ‚höheren Hirnleistungen‘ verbunden sein, man ist ja auch im Traum nicht völlig unbewusst. Im sogenannten luziden Traum, der nicht umsonst auch Klartraum genannt wird, ist man sogar weitgehend bewusst, worüber ich im nächsten Kapitel berichten werde. Durch zu viele Gedanken wird die Bewusstheit, die ich also vom banalen Bewusstsein unterscheide, nur verdunkelt. Bewusstheit kann in der letzten Phase des Sterbens einen wichtigen Höhepunkt erreichen, er wird von so etwas wie einer ‚Ja-das-ist-es-Erfahrung' begleitet sein, oder auch einfach nur von einer selbstbestätigenden Verschmelzung mit den *Anderen*, dem *A* ohne Querstrich.

Dazu genügen minimalste Gehirntätigkeiten, bei denen man nicht wach-bewusst sein muss, was meistens mit dem Begriff des Bewusstseins verbunden ist, das man – wie erwähnt – auch ein reines Spiegel-Bewusstsein nennen kann. Im Tiefschlaf dagegen ist eine Bewusstheit vorhanden, über die sich nichts aussagen lässt, denn sie wird leicht von biologischen Verhältnissen überwuchert. Diese treten aber in einer guten, reifen, gelungenen und fertigen Meditation hinter den dabei gemachten Erfahrungen, Geschehnissen und konkretistischen Bild-Wort-Wirkendem zurück. Deswegen kann ich es mit einer ‚das-ist-es-Erfahrung' poetisiert ausdrücken, auch wenn es das nicht so definitiv ist, wie es gesagt ist.

Doch dies ist ein grundsätzliches Problem des Bewusstheits-Begriffs, der ja im todesähnlichen Zustand mehr Gewicht hat als in der Alltags-Verzettelung. Das zu ihm von mir eben gegensätzlich bestimmte Bewusstsein charakterisiert den zerstreuten Professor besser, während die Bewusstheit, das wirkliche Bei-Sich-Sein, gedankenlos sein kann. Man benötigt wohl ein Verfahren wie die *Analytische Psychokatharsis*, um dies voll zu begreifen.

6. ‚Den weglassen'

Zeit für eine abgestufte Ordnung. Die ‚logische Selbst-struktur' steht also ganz oben, aber offenbar hat dies wohl für die meisten Menschen nur den Anschein einer blanken Theorie. Nur mit der Praxis alleine – obwohl ich sie mit den zwei Übungen der *Analytischen Psychoka-tharsis* stark propagiere – kommt man jedoch auch nicht weiter. Deswegen habe ich für den Anfang – und der beginnt bei jedem Buch ja mit dem Titel auf dem Cover und der Überschrift des ersten Kapitels – das ‚anders herum' gewählt, speziell das von Liebe und Tod. Das wird jedem nicht ganz fremd sein, auch wenn das ‚anders herum' vielleicht noch ein bisschen rätselhaft bleibt. Daher stelle ich einmal ein Schema in den Mittelpunkt, wo die entsprechenden Begriffe aufgelistet sind und ihr Trennend/Verbindendes, das ‚anders herum' als Schräg-strich dargestellt ist.

Liebe	Tod
Bild-Wirkendes	Wort-Wirkendes
imaginärer Signifikant	verbaler Signifikant
Es Strahlt	Es Spricht
Schautrieb	Sprechtrieb

Nun sollte es aber klar geworden sein, dass das übliche Gerede, je selbst philosophische Überhöhungen dieser beiden Signifikanten (ich denke, man kann sie so nennen, auch wenn keiner von beiden den Vortritt hat) nichts

bringt. Für Lacan war der Signifikant S1 der Herrensigni-
fikant. Wie erwähnt waren die ersten Worte Losungs-
oder Identitätsworte, die einen wiederholt ausgedrückten
und befehlshaberischen Ton hatten. Eben, das macht den
Herrn aus, obwohl dieser anfänglich nur ein einfacher
Mann war, dessen Sprechen dem Tod nahe steht, wie ich
bereits auf mehreren Seiten bemerkte.

Der Mann konnte sich nur so gegenüber den Müttern und
Frauen behaupten, dass er mit einer Art von Stimmgewalt
loslegte. Er hat sich als erster mit dem Angreifer, Aggressor, identifiziert. R. Calasso, Kulturhistoriker und
Schriftsteller, schreibt, dass der erste Mensch sich her-
auskristallisierte, als er sich noch als Mitglied einer tieri-
schen Gemeinschaft fühlte, in der alles noch aggressiv-
sexuell durchmischt war, man sich aber gegen die stärkeren und räuberischen Tiere wehren musste. Schließlich
identifizierte man sich mit deren Kraft und Aggressivität,
und wurde so statt zum Gejagten selber zum Jäger.[69]
Auch der Philosoph C. Türcke geht davon aus, dass es
den „Hominidenhorden gelang, den Schrecken der Na-
turgewalten in Eigenregie zu wiederholen, statt ihn zu
fliehen".[70] Das beste Beispiel sind die Neandertaler, die
eng verbunden mit Sturm und Feuer, mit Gewalt und
Jagd, Unmengen Fleisch gegessen haben, wobei es auch
zu Kannibalismus kam.

---

[69] Calasso, R., Der himmlische Jäger, Suhrkamp (2020)
[70] Türcke, C., Natur und Gender, Kritik eines Machbarkeits-
wahns, C. H. Beck (2021)

Dem 2. Signifikanten ordnete Lacan das Wissen zu, die Kenntnis, das schlichte ‚now how'. Nach Hegel waren dafür die Knechte, nach Freud und Lacan die Frauen zuständig. Das klingt diskriminierend und ist auch in letzter Instanz nicht ganz logisch. Deswegen sind meiner Ansicht nach die ersten zwei Signifikanten, die Grund-Signifikanten, die auch den Freud'schen Grundtrieben korrelieren, das Bild-Wirkende, dem ich die Liebe zuordne, und das Wort-Wirkende, das zum Tod passt, ein eng umschlungenes Paar. Letzteres, das Es *Spricht*, habe ich bereits damit angedeutet, dass ich vom ständigen aneinander Vorbeireden erzählt habe, von der Fähigkeit mit Worten zu lügen und dem Grundsätzlichen der Sprache, die Dinge in ihrer Ursprünglichkeit, Essenz und Kraft auszulöschen. Hegel jedenfalls meinte, dass das Wort Mord an der Sache sei. Kaum haben wir gesagt: ‚ruhig liegt da der See im Sonnenlicht', haben wir den See zwar wortgebunden sichtbar gemacht und sogar verschönt, aber von seiner vielgründigen seelischen Seite weggehoben, abgeschnürt, ausgetrocknet.

Und Lüge und Vorbeireden und vieles andere mehr – auch mein hoffnungsloser Versuch hier etwas mit Worten auszudrücken – zeigen noch mehr wie sehr das Wort-Wirkende, der Herrendiskurs, ja selbst die Logik dem Tod nahestehen. Dagegen hat die Liebe etwas vom lichthaften Bild-Wirkenden, vom ‚Ikonischen', vom versteckten Wissen an sich. Nur da ist sie tatsächlich Liebe, Liebe im Knoten selbst wie Lacan anmerkt, im Imaginär-

Realen wo es das eigentliche Genießen, das autochthone, das weibliche, die ‚Jouissance de *l'Autre*', gibt, die Mechthild von Magdeburg so intensiv auszudrücken verstand; und zwar als ein Geben exakt darin, was man hat, was es heißt ein Fest zu machen. Ein Fest aus dem besagten *Nichts* heraus, dem Mangel, der Null.

Auch ich kann nicht erklären, was das ‚anders herum' von Liebe und Tod eigentlich sein sollen. Ich weiß, dass beide ‚normal herum' eine große Rolle spielen, aber sie verwirren dabei und bringen sich durcheinander. Das ‚anders herum' gibt ihnen eher eine Chance, aber die muss sich jeder selbst erarbeiten, psychoanalytisch er-gründen, meditativ erüben oder mit Hilfe der *Analyti-schen Psychokatharsis* erfahren. Die Methode der *Analy-tischen Psychokatharsis* habe ich aus linguistischen, psy-choanalytischen, Lacanianischen und anderen wissen-schaftlichen Bezügen abgeleitet; doch das ist nur der äußere Rahmen. Den persönlichen Weg dazu habe ich in einer kleinen Broschüre dargestellt.[71] In kürze nur soviel: noch während meiner psychoanalytischen Ausbildung lernte ich den Mediationslehrer und Religionswissen-schaftler Kirpal Singh kennen, dessen Methode ich er-lernte. Im psychoanalytischen Institut war man darüber gar nicht erfreut.

Man sagte mir, dass beides, Psychoanalyse und Meditati-on sich nicht vertragen würden. Gerade in kniffligen Si-

---

[71] Hummel, v., G., Die körperlich kranke Seele II, BoD (2012)

tuationen verschiebe man dann das eine in das andere, führe sozusagen die Sache, um die es geht, nicht konsequent bis zum End- oder Zielpunkt weiter. Das war richtig, denn ich führte einen Kampf über dreißig Jahre lang um die letztliche Zutreffendheit, um den schließlichen Sinn und um die wissenschaftliche Klarheit. In dem Meditationskurs, den ich besuchte, benutzte man alte Sanskritformulierungen, und ich war oft beeindruckt, wie die Teilnehmer dieses Verfahrens, deren Gruppen ich auch in anderen Ländern (z. B. USA) besuchte, über positive Ergebnisse berichteten. Alle hätten sich gebessert und vorteilhaft geändert, was ich von mir nicht so direkt behaupten konnte.

Trotzdem war die Sache nicht schwer zu verstehen. Ein Gebet beispielsweise, das Höhe, ‚Jouissance' und Bestätigung anstrebt, profitiert zwar vom intensiven Glauben, hat aber den Nachteil, dass man immer gleiche oder sehr ähnliche Inhalte verwendet. Beim Meditieren verhält es sich umgekehrt. Man benutzt Formulierungen die keinen Inhalt haben, also Fremdausdrücke sind, wodurch das freie Denken noch stärker zurückgefahren wird wie beim Gebet, und somit Höhe, ‚Jouissance' und Bestätigung viel intensiver ausfallen. Der Nachteil: es gibt keinen Glauben, wie überzeugt man sich demnach von der Methode? Nun, es gibt auch einen gewissen Übertragungseffekt. Während die Übertragung auf den Psychoanalytiker damit zusammenhängt, dass man ihm ein Wissen unterstellt, nämlich das Wissen, das er über das Wesen seines

Patienten schon von vornherein hätte, unterstellt man in
der Meditation dem Meditationslehrer Fähigkeiten, nämlich dass er die richtige, spezielle Methode für seinen
Adepten zur Hand haben und anwenden würde.

Entscheidend für mich war jedoch etwas anderes, nämlich das, was mir dann auch half, Meditation und Psychoanalyse zusammen zu bringen: Das Unbewusste – so
Lacan – ist letztendlich ein symbolischer Automatismus,
es geht nicht um jemand der spricht, sondern um Es, das
Freud'sche Es, das Subjekt, das *Spricht* (als *A Spricht)*,
also die schon bei Leikert oben erwähnte ‚Lautrhythmik‘. Es handelt sich um das, was schon im üblichen
Sprachgebrauch durch die lebendigen und toten Bedeu-
tungsstellen, die Signifikanten, thematisiert werden kann.
Die gegenüber den lebendigen Signifikanten in einer
gelungenen Diskussion oder in der Zusammenarbeit
Analytiker/Patient auch enthaltenen leeren, toten Signifikanten fürchten am meisten, wie erwähnt, die Juristen,
weshalb sie ellenlange Abhandlungen mit den umständ-
lichsten Formulierungen schreiben, nur um glauben zu
machen, es wäre alles eindeutig klar gesagt.

Aber auch sonst verlieren sich die Menschen in das Jenseits eines überdialektischen und überkünstlich gestelz-
ten Vokabulars, das kaum zu kommunizieren ist. Es
brauchte deswegen eine möglichst knappe, fast mathematische Erklärung für diese verwirrenden Zusammenhänge des symbolischen Automatismus (der die wie automatisch bewegte Bilderflut durch Symbole, Laute,

Worte stabilisieren will). Lacan hatte diesen Automatismus, diese ‚Lautrhythmik' mit dem Pluszeichen (+) für sprachliche Anwesenheit und dem Minuszeichen (-) für Abwesenheit markiert, und dann aus alternierenden Gruppenverteilungen (+++ oder ---, +-+ oder -+-, sodann ++- , --+, -++, +--) weiter Ketten formiert, so dass eine dem Symbolischen entsprechende Systematik entstand.

Damit wollte er zeigen, dass vor der üblichen Sprache schon Protosprachliches in abstrakter Form dargestellt werden kann. Ich denke viel einfacher kann man in Meditationen dieses Phänomen sehen, indem die dort gemachten Lauterfahrungen als ebenso alternierend, leiser, lauter, klingender, brummender, tönender, pochender, etc. dazu verwendet werden, um sie als das gleiche Protosprachliche hörbar werden zu lassen (eine Art des Hörens knapper Gedanken, die jedoch nicht nur Bruchstücke sind, sondern zwar knappe, phrasenhafte, aber reale Gedanken). „Der Ton (spez. im Chinesischen) ist sogar eine der Möglichkeiten, den Primat des Sprechens zu beweisen".[72] Lacan war brillanter Zeichenlogiker des Unbewussten, und exakt das Gleiche fand ich nur in der von mir erlernten Meditationsmethode.

So gehörte zu den erwähnten Sanskritformulierungen das Wortpaar ‚Sat Naam'. Der Wortstamm Naam ist der gleiche wie im Deutschen Name, lateinisch nomen, altindisch nama. Er ist auch fast in allen Sprachen, auch im Fin-

---

[72] Lacan, J., Seminaire XVIII, ed. Seuil, 5. Vortrag

nisch-Ugrischen vorhanden, „so dass hier wohl ein uraltes Wort vorliegt".[73] Zudem hat dieses ‚Wort' in den verschiedenen Sprachen, aber auch innerhalb des Indischen zahlreiche Bedeutungen: Naam, Name, Wort, Bezeichnung, Geist, Gott etc. Das gleiche gilt für die Vokabel Sat, das Sein, Wesen, Sünde, altindisch ‚sitzt'. etc., bedeuten kann und auch mit dem lateinischen satis, deutsch satt, zusammenhängt. Sehr alte und gleichzeitig auch heute noch gültige Wörter sowie Worte, die zahlreiche Bedeutungen tragen, haben immer schon die Forscher beschäftigt. Wie konnte man sich im Altindischen verständigen, wenn manche Worte so viele Bedeutungen in einem vereinigten?

Freud hat auf das Wesen dieser Urworte hingewiesen, wonach sogar Gegensätze wie hoch / tief in lateinisch altus oder profan / heilig in lat. sacer aus einer ursprünglichen, im Unbewussten gelegenen Bedeutung herstammen. Altus bedeutete irgendein Maß in der Vertikalen, das Raum- und Weite-Erleben der früheren Menschen war offensichtlich anders als unseres. Auch die berichteten ersten Worte der Frühmenschen, die Losungsworte, waren mehr- und vieldeutig, aber indem sie wie ein Losungswort identitätsbestimmend funktionierten, bekamen sie auch wieder eine Eindeutigkeit. Es gab grundlegende Identitäten in ihnen. Und so war es nunmehr keine

---

[73] Kluge, F., Etymologisches Wörterbuch, W. de Gruyter (1989) S. 498

Schwierigkeit zu verstehen, warum und wie Sat Naam funktionieren konnte.

Es war durch eine Mehrfachbedeutung, durch eine – wie Freud es ausdrückte „Überdeterminierung", oder auch nur aus anderer Quelle her stammenden stärkeren Bewertung, fähig, das (triadische oder mehrfach strukturierte) Unbewusste rein formal, ursprachlich, rein vom linguistischen Stamm her zu repräsentieren![74] Darum ging es auch in dem, was mit Lacans symbolischem Automatismus gemeint war. Die verschiedenen + und - Ketten sind in der Lage (ähnlich wie die 0 1 Digitalisierungen) komplexe Informationen zusammen zu bauen. Irgendwo in der Mitte liegt bei den einfachen Namen, Formeln, Silbenartigen Wörtern ihr Hauptfunktionswert. In der Psychoanalyse muss man nach rückwärts gehen, regredieren, um zu den elementareren Symbolen zurück zu kommen, von denen man dann wieder progressiv interpretierend vorwärts gehen kann.

---

[74] Unter stärkerer Bewertung kann man besondere mündliche Überlieferungen, Traditionsgebundenheit, Mnemotechniken in schriftlosen Kulturen etc. verstehen. Es muss also nicht immer eine rein linguistische Überdeterminierung vorliegen. Aber der Identität verkörpernde Losungswortcharakter war gegeben. Natürlich gilt nach wie vor, dass die positive Übertragung auf den Lehrmeister eine große Rolle dabei spielt. Jedoch werde ich noch zeigen, dass ich gerade diesen Faktor eben wegen des mehrdeutigen, linguistisch verknoteten Charakters einer derartigen Formulierung in eine wissenschaftlich begründete Verwendung ummünzen kann.

Umgekehrt aber gleich strukturiert verhält es sich bei der Meditation mit dem Sat Naam und weiteren Sanskritformulierungen. Hier war der symbolische Automatismus Lacans schon vorgegeben, freilich nur ein f o r m a l, also nichts definitiv Sagendes. Dadurch regen derartige Formulierungen gleichermaßen den rückwärts und vorwärts Schritt an, eine Einsicht, die es mir nunmehr ermöglichte das Verfahren der *Analytischen Psychokatharsis* auszuarbeiten. Denn ich brauchte jetzt nur noch solche Formulierungen weg vom Sanskrit zu finden und in die psychoanalytischen Erklärungen mit ein zu beziehen, um von dem über der Meditation liegenden mythisch, mystischen Hintergrund weg zu kommen. Ich konnte jetzt sagen, dass sich in der *Analytischen Psychokatharsis* nunmehr eine unmittelbar erfahrbare Lautlogik, Musiklogik, kurz: die logische Originaltonmethode des Unbewussten findet.

Ein Beispiel: Als ich vor kurzem mit der Methode der *Analytischen Psychokatharsis* selber die zweite Übung, in der man nach innen auf genau diese Lautrhythmik, auf den Ton innen, oben rechts, hört, vernahm ich ein Phrasenartiges *Pass-Wort*: „Den weglassen“. Weglassen? Was? Oder gar „den Weg lassen“? Es geht um genau das, was das Unbewusste so gerne tut, nämlich in der gleichen Formulierung mehrere Bedeutungen verstecken. Mir fielen sofort meine *Formel-Worte* ein, und ich hatte auch sogleich Übersetzungen für die zwei beschriebenen Lesarten. Das „Den Weg lassen“ betraf vor allem mein Schreiben, meine ständigen Wiederholungen über die analytisch-kathartische Methode und all die psychoanalytischen Kommentare. Dass all dies oft zu hoch, zu kompliziert sein könnte, dachte ich immer wieder einmal, und überlegte so ständig, ob ich diesen „Weg nicht verlassen" sollte.

Aber nein, ich sollte ihn „so lassen". Nun war andererseits ja auch vom „weglassen" die Rede, und dazu assoziierte ich viel stärker „den", den ich „weglassen" sollte, und dies betraf einen mit mir rivalisierenden psychoanalytischen Kollegen. Die Beziehungsschiene ist meistens die bedeutsamere. Ich sollte „den weglassen", der immer meine Gedanken störte, das traf so klar auf mich zu, dass kein Zweifel bestand. Nur so klar und definitiv hat es mir niemand gesagt. Nun habe ich auch mit niemand darüber gesprochen, doch mit sich selbst in authentischer und kritischer Weise zu sprechen, ist das beste. Die *Pass-Worte* sagen die Wahrheit, denn sie bringen aus dem Unbewussten die andere Hälfte der Wahrheit zu dem dazu, was man selbst bewusst als Wahrheit ansieht.

Selbstverständlich muss ich nicht alles weglassen, und muss ich auch den „Weg so lassen" können, wie er eben ist. Aber eben nur vielleicht. Oder sollte es das ‚Ikonische' sein, dass wegzulassen wäre? Nein, das will ich ja gerade der Psychoanalyse hinzufügen, bzw. ihr praktisch nahebringen. So mathematisch und geometrisch präzise die Lacanschen Topologien sind, es fehlt ihnen einfach die Praxis. Da könnte ein Beispiel aus dem Leben des erst kürzlich Nobelpreisträger für Literatur gewordenen P, Handke weiterhelfen. Ein Freund fragte ihn einmal, warum Handke in seinen Tagebüchern häufig den Ausdruck

‚u. S.‘ eingetragen habe. Das sei eine Abkürzung für ‚unwillkürliche Selbstgespräche‘, meinte Handke verlegen. Er schreibe sich da Gedanken auf, die ihm spontan, sozusagen ohne Vorwarnung kommen. Es handelt sich nicht um einen bewussten, linear gedachten Vorgang, um bewusstes Nachdenken und auch nicht nur um die üblichen kreativen Einfälle des Dichters.

In einem leicht versonnenen Zustand, in dem vielleicht ein paar Erinnerungen auftauchen, blasse Reminiszenzen, mischen sich plötzlich wie von weit her zukommend fremdartige Worte ins Denken. Es sind keine nüchternen, leblosen, uneigentlichen Gedanken. Man kann sie aufgreifen, und indem man diesen Gedanken dann bereits als einem zugehörig erfasst hat erweitert man ihn zu einem Selbstgespräch, das nun freilich ganz anderer Art ist, als die bewussten, willkürlichen Selbstgespräche, die wohl jeder einmal hat. Als ich diese Geschichte von Handke las, war meine Assoziation sofort, dass diese u. S. perfekt zur Erklärung der *Pass-Worte* in der *Analytischen Psychokatharsis* passten.

Handke hätte es genauso gut mit der *Analytischen Psychokatharsis* gehabt. Dort sind die *Formel-Worte* die Sprache der Liebe ‚anders herum‘, denn normalerweise spricht kein Liebender solch eine verschlüsselte Sprache. Der Tod dagegen wird durch in seinem ‚anders herum‘ geweckt. Ihm gefällt der symbolische Automatismus, den er in einigermaßen verständliche Phrasen zu den *Pass-Worten* hin verwandelt. Indem er das normal Sprachliche, Lügen anfällige bremst, drückt er indessen umso mehr die Wahrheit aus. Gewiss ist die Phrase mit dem ‚den weglassen' keine tiefsinnige oder hochgeistige Aussage. Das könnte man sich immer mal so denken. Auch dem Alltagskonsumenten wird es oft so ergehen, dass den oder das weglassen besser ist, als immer mehr und mehr dazu nehmen. Es muss nicht immer ganz klar sein.

Trotzdem, ein wesentlicher Zug der *Pass-Worte* ist ihr so überraschend, authentisch und überwältigend aus dem Unbewussten auftauchendes Timbre. Die Phrasen sind oft so gehaucht, leise, aber klar. Da sie einen nicht mitten in anderen Tätigkeiten überfallen, sondern nur angestoßen werden durch eine an der Psychoanalyse Lacans orientierte, eigenständige Übung, haben sie einfach eine ernsthaftere Wirkung. Es ist etwas Originäres in ihnen, den man glaubt. Man kann sie in Zweifel ziehen, bedenkt dabei aber doch den hintergründigen Sinn, der mit ein paar Kenntnissen aus der Psychoanalyse, aber auch aus einer Ehrlichkeit einem selbst gegenüber, das Wesentliche zum Beitrag der Selbstreifung darstellt.

Wie nun schon mehrfach gezeigt liefert auch hier, also hinsichtlich des Begriffs der ‚Überdeterminierung' oder der lebendigen und toten Signifikanten, die heilige Mechthild eine simple und prägnante Formel. Denn auch die Trinität stellt eine ‚Überdeterminierung' dar, doch Mechthild sieht sie nicht als abstraktes, theologisches Konstrukt. Sie versteht es als wahrhaft Reales, als ein Spiel der Minne: „Das Minnespiel der göttlichen Trinität [...] ist also nicht allein [...] ein entspannender Genuss

Gottes, vielmehr beruht das Spiel, soll es vollkommen sein, auf einer partnerschaftlichen und gemeinsamen Dynamik zwischen den Wesens- und Seinsformen Gottes und seiner Seele.[75] Und weiter: „So erschafft sich die wesensimmanente Liebe ein Objekt, Gott selbst ist das ‚Opfer seiner Lust, deshalb folgerichtig auch seiner Erotik und schließlich seiner Leidenschaft‘, wie S. Buholzer dazu anmerkt".[76]

Da haben wir es wieder, Mechthilds bild-wirkende Minne-Praxis dominiert die umständliche, akademische Theorie, die Lacan wort-wirkend mit seinem Bo-Knoten und Zopf in langatmigen Tiraden herstellen musste. Beide haben ihre volle Berechtigung, aber gerade wegen ihrer Gegensätzlichkeit wird ein übergreifendes Drittes benötigt, das ich mit der *Analytischen Psychokatharsis* herzustellen versuche. Obwohl im Anhang die Methode der *Analytischen Psychokatharsis* genau beschrieben ist, hier schon einmal eine kurze Vorbemerkung. In der ersten Übung wird anfänglich bei geschlossenen Augen auf ein innerlich auftretendes Es *Strahlt* (‚Durchrieseln‘, Luzidität) geachtet, während dabei drei bis fünf *Formel-Worte*

[75] Driller, J., Innauguraldissertation, Gaben und Gegengaben im Werk der Mechthild von Magdeburg, Universität-Gesamthochschule Paderborn, 2005.
[76] Buholzer, S., A., Studien zur Gottes- und Seelenkonzeption im Werk der Mechthild von Magdeburg, Peter Lang International Academic Publishers (1988) S. 112

hintereinander rein gedanklich wiederholt werden. Ist die entstehende Katharsis (Befreiendes, Lösendes) deutlich genug (oder auch nach zwanzig minütiger Anwendung), wird zur zweiten Übung gewechselt.

Bei ihr konzentriert man sich auf den inneren Ton, Laut, auf das Es *Spricht*, rechtsseitig im Kopf (Bezug zur Temporalseite des Gehirns). Bei genügend langem in sich hineinhören wird der Laut innen zu einer Phrase, zu einem *Pass-Wort* wie dem eben geschilderten vom ‚den weglassen'. Eine kurze intellektuelle Überprüfung der Bedeutung im Sinne der psychoanalytischen Theorie kann passend sein, aber meistens ist die Aussage des *Pass-Wortes* dem Betreffenden selber sogleich klar. Ich werde in der Folge noch andere Beispiele und Erklärungen dazu liefern. Weiteres, wie gesagt, im Anhang.

7. Visionen ‚anders herum'

Zu meiner These vom ‚anders herum' erwähne ich nochmals das Buch des Wissenschaftsjournalisten S. Klein.[77] Er wies nach, dass schon bei den frühesten Menschen, ja den Hominiden oder Primaten, die kreative, schöpferische Tätigkeit vorhanden war, die mit einer bestimmten Vorstellungskraft einhergeht. In diesen Sinne haben auch schon die Ameisen Vorstellungskraft, denn sie müssen ja durch immer neue Entwicklungen – fast könnte man sagen – planender Natur ihr hochkomplexes Staatensystem erfunden haben. Wie erinnerlich nannte Damasio dies Geist, während ich von naivem Bewusstsein sprach, das noch keine Bewusstheit kennt (Bewusstheit über die Komplexität der Existenz und das Ruhen im Zusammenhang von Wahrheit und Wissen). Stützen kann man Damasios Auffassung natürlich durch die von der Evolutionstheorie herausgehobene Funktion der Nischenbildung. Die Tiere haben in ihrer Welt eine Nische gefunden (Unauffälligkeit durch Kleinheit, Organisationsbildung, etc.), durch die sie sich ausbreiten konnten.

Bei den Hominiden bestand diese Nische in dem komplexeren Gehirn, doch für die Kreativität genügte es, dass es nur ein Drittel so groß oder wie bei den Neandertalern viel weniger vernetzt war, wie das der heutigen Menschen. Nach meiner These war dies ja sogar von Vorteil,

---

[77] Klein, S., Wie wir die Welt verändern, S. Fischer (2021)

den die Weiterentwicklung, die – auch von S. Klein – stets als großartige, fortschrittliche, höhergeistige Formation beschrieben wurde und wird. Sie ist meiner Ansicht nach nur eine Weiterentwicklung im äußerlichen Erfolg, im Kultischen, Technischen, Manipulativen, aber kein bisschen wirklicher Fortschritt in der Bewusstheit, die Fortschritt eben in der genannten Kreativität, Vorstellungskraft und schöpferischen Tätigkeit ist. Abgesehen davon, das wir noch Neandertaler Gene in uns haben, haben wir nichts wirklich an Bewusstheit, also beispielsweise an dieser Erfahrungstatsache des Zusammenhangs eines ‚anders herum' von Liebe und Tod, dazu gewonnen. Im Gegenteil, die ja inzwischen von vielen Menschen als grotesk, hypertroph, manisch ausgeartete Überzivilisation, Übertechnisierung und jetzt auch noch Überdigitalisierung bedeutet hinsichtlich der Kreativität, der Vorstellungskraft und Bewusstheit jedes Einzelnen einen enormen Rückschritt.

Die kleinen oder die wenig vernetzten Gehirne haben noch die Fähigkeit zur Bewusstheit der Lebenserfüllung im Sterben, der Liebe als einer Verzauberung des Todes, des Todes als eines Steigbügelhalters der genießenden Substanz, der ‚Jouissance' und vieler andere Dinge mehr (hinsichtlich des Kreativen) besessen. Heute taumelt man zwischen tausenden von Blitzlichtern, Sprachfetzen, Unsinns-Informationen, Fake News, etc., herum. Egal, ich will nicht zum Ewiggestrigen werden und nur vermitteln, dass die von S. Klein erwähnte Vorstellungskraft, dieses primär Kreative, exakt das ‚Ikonische' ist, das ich schon mehrmals ausprobiert habe, obwohl ich ja stets erklärte, dass es nicht frei von etwas selbst Hergeholtem ist, das für sich allein nicht unbedingt einen sinnvollen Zweck erfüllt so wie der ‚Baum' oder auch das ‚Meer'. Aber es hat Minne, insbesondere, wenn es mit dem ‚Rhetorischen' zusammenkommt.

So bin ich zum Kleingehirnwesen zurückgekehrt und habe mir einen Ausflug in die Urzeiten in der Form einer ‚Vision' des Meeres gegönnt. Wie der ‚Berg' und der ‚Baum' und viele andere mystische Größen gehörte dazu auch das ‚Meer'. Dessen ‚Vision' stellt sich nach kurzer Zeit der ersten, der mehr meditativen Übung der *Analytischen Psychokatharsis*, bei mir manchmal ein. Es kommt zum kathartischen Schimmern, diesmal fast selbstgemacht als urzeitlicher Blick, als voll in Gang gekommene Vorstellungskraft von der Weite und Blauheit des Meeres. Die Faszination ist ungemein größer als der reale Blick auf eine Meereslandschaft, den ich oft an irgendwelchen Stränden oder Küstenregionen gehabt habe, was auch schon oft großartig war. Aber jetzt war es eben so, wie es die frühen Hominiden wohl erlebt haben.

Denn sie haben das ‚Meer' in diesen Urzeiten nicht nur bestens gekannt, ist darin doch alles Leben entstanden, sondern auch geliebt, geheiligt. Sie haben es geminnt wie

Mechthild sagen würde.[78] Schon da, bei den frühesten Einzellern, und freilich besser nachvollziehbar bei den ersten Menschen hat es bereits hinsichtlich des ‚Meeres‘ Kreativität und das autochthone Genießen gegeben. Schon da sind sie – schon vom Blick her – darin geschwommen, haben also visuell in seinem Genuss und ‚fließenden Rhythmus‘ gebadet.[79] Lacan meinte, dass das Genießen ein Merkmal des Lebendigen schlechthin ist, d. h. dass es sich auch bei den Pflanzen so verhält, dass sie genießen.[80] Auch die Bäume, die Amöben und die Bakterien genießen, versicherte er.[81] „Der Stoff aller Arten des Genießens grenzt nämlich an das Leiden, und das ist das Kleid, woran man es erkennt – wenn die Pflanze nicht offenkundig leiden würde, wüssten wir nicht, dass sie lebt“.[82]

Dieses also selbst der Flora, der Fauna und selbst dem ‚Meer‘ innewohnende allerursprünglichste Genießen betrifft den Zugang zum primär Kreativen, wie es S. Klein postuliert, und es scheint so elementar und eben ursprünglich zu sein, dass die Menschen es heute weit-

---

[78] Ich schreibe ‚Meer‘ in Anführungszeichen, wenn es nicht nur um die realen Wassermassen geht, sondern auch und speziell im Zusammenhang damit, um die ‚Vision Meer‘.

[79] Ich erinnere nochmals, dass Lacan mit dem Begriff des ‚fließenden Rhythmus‘ das weibliche Genießen bezeichnete, den originären, weiblichen Eros.

[80] Lacan, J., Lettres de L'Ècole freudienne, Nr. 16 (1975) S. 192

[81] Lacan, J., Seminar XXI, Vortrag vom 23. 4. 1974.

[82] Lacan, J., Seminar XVIII, Vortrag vom 17. 3. 1971

gehendst verdrängt, verlernt oder verworfen haben. Viele Autoren fangen jetzt aus diesem Grund an, sogar in der trockensten Materie nach dem Leben suchen wie z. B. E. Coccia oder Jane Bennet. Die zentrale These der letzteren Autorin lautet: „Materie ist aktiv – und sie hat bisweilen sogar politische Handlungsmacht. . . Wann sollte diese Aussage [dass die Materie lebt] plausibler sein als heute, wo ein kleines Virus die ganze Welt in Atem hält?[83] „Ist das Virus nicht der Prototyp des viral Materiellen, indem wir es in seine RNA, Spike-Proteine und seine Moleküle, genauso zerlegen können wie eine Harley Davidson, wobei das Virus aber dann die eigenwilligste Lebhaftigkeit entwickelt, es also handelt"?[84]

Ich glaube nicht, dass man die Dinge so sagen kann, denn was haben die Leute von dieser Realitätssüchtigkeit? Ich gebe zu, dass man, frägt man sich nach dem Bezug zur Tierwelt, zum Vegetarismus und zu dem, was W. Hellpach Geopsyche und E. Gartmann Ökopsychoanalyse nannte, viele Bereiche in mein ‚Visions'-Konzept einbeziehen müsste. Denn sowohl die ‚lebhafte Materie' wie die durchpsychologisierte Fauna und Flora müssten von der Psychoanalyse mitbedacht werden. Aber wo käme sie dahin? Ihr fehlt zwar. wie nun oft genug gesagt, die bessere Einbeziehung des Imaginär-Realen, des Bild-Wirkenden ins Gesamtkonzept, und die Beschäftigung

---

[83] Bennett, J., Lebhafte Materie. Eine politische Ökologie der Dinge, Matthes & Seitz (2020)
[84] Roedig, A., Deutschlandfunk Kultur, Lesart vom 25.6. 2020

mit der Linguistik, mit dem Symbolischen, Wort-Wirkenden ist aufreibend genug, aber erwähnen sollte man – gerade im Hinblick auf die volle Bewusstheit.- das Ökopsychoanalytische durchaus. Man betreibt ja auch Ethnopsychoanalyse, und das – wenn ebenfalls wieder problemreich – nicht ohne Erfolg.[85] Die erfüllende Bewusstheit steigert dies alles auf jeden Fall.

Zurück zum Meer und zu meiner Art von ‚Meeres‘-Psychoanalyse. Ich erinnere mich an einen Abend in La Spezia, etwas angemüdet von einer längeren Fahrt, in der Nähe des Hafens, fünfzig Metern von der Mole entfernt und schon dunkel: Weit draußen ein Licht, nur ein Punkt, der herüberfunkelte wie eine späte Verheißung, Wonne-, Glücksversprechen. Doch der innere, ikonische Blick in die Weite des Meeres, in das winzig Luzide der Freud'schen Vorstellungsrepräsentanz, in die lumineszente ‚Vision‘, ist ungleich phantastischer, echter, beseelter. Doch dazu, für diese Bewusstheit, benötigt man ein nicht zu großes Gehirn, die Vorstellungskraft alleine genügt. Man braucht Eins mehr, diese wahre Eins, in der sich das ‚Meer‘ nicht nur spiegelt, sondern wild, tosend, schäumend erhöht, wie in Noldes Gemälde mit dem Titel ‚Meer 1‘ (was Eins mehr enthält, denn Nolde hat viele Male dieses ekstatische Meer gemalt).

---

[85] Köhler-Weisker, A., Gespräche unter dem Mopanebaum, Ethnopsychoanalytische Begegnungen mit Himbanomaden, psycho-sozial Verlag (2015)

Zweifellos strebt Nolde in diesem Bild an, das Meer zu überschreiten, vielleicht ins ‚Ikonische' hinein oder noch weiter. Denn man sieht nur eine Welle, die sich bricht und im Hintergrund oft den vergoldeten Himmel. In Noldes zahlreichen Meeresbilder geht es fast immer um diese Vergeistigung, Überbewusstmachung, das ‚anders herum' von Liebe zum Meer und vom Tod durch das Verschlungenwerden der meist tief dunkel gemalten Wellen. Es geht nicht um eine Abbildung, es geht um eine ‚Vision', die den Betrachter mittels einer Augentäuschung verführt: betrachte lieber das Bild, bevor du dich in der echten ‚Vision' des ‚Meeres' (wie ich sie geschildert habe) verlierst.[86]

Die Triebkraft, die bei Freud ja nur auf Umwegen (Affektausbruch, Abwehrmechanismen, Denkzwang, etc.) auf ihr Ziel zusteuert, ist im Falle der genannten ‚Visionen' viel unmittelbarer, überwältigender und steht so den Halluzinationen nahe. Und doch ist sie auch gut davon abgegrenzt, so wie sie auch klar von neurologischen Phänomenen, z. B. sogenannten Unzinatus-Anfällen', unterschieden werden kann. Solche der Epilepsie nahestehenden Anfälle beeindrucken oft durch ihre faszinierenden

---

[86] Blümle, C., Von der Heiden, A., Blickzähmung und Augentäuschung, diaphanes (2005). „Weil das Bild jener Schein ist, der behauptet, er sei das, was den Schein gibt, steht Platon auf gegen die Malerei als eine Aktivität, die mit der seinen rivalisiert. Dieses andere ist das ›klein a‹, um das ein Kampf geführt wird, dessen Seele die Augentäuschung ist" (Lacan).

Wahrnehmungs- und Geschmackserlebnisse, sind aber rein neurologisch-pathologischer Art. Dagegen kann das ‚ikonisch Visionäre‘ als ein Gemisch aus bewusst und unbewusst Seelischen verstanden werden, das man ebenso in früheren Kulturen und religiösen Erfahrungen, in ekstatischen Ritualen und Rauschzuständen erleben konnte. Durch die *Formel-Worte* wird das ‚Ikonische‘ aber immer in klarer visueller und auch für die folgenden *Pass-Worte* in logischer Distanz gehalten.

So ruhiger, gesicherterer, gefasster, folge ich in diesem ‚Ikonischen‘ des ‚Meeres‘ und der unermesslichen Weite, gehe über die Wellen hinaus, höher und höher, weiter und weiter. Irgendwann breche ich ab, vielleicht schon nach ein paar Minuten, denn ich will mich von diesen luziden Momenten nicht abhängig machen. Auch Mechthild schreibt, dass man nicht zu lange in der einzelnen Entrückung verweilen möchte. „in der Verzückung hab ich einen Berg gesehen [auch sie hatte solch ein Erlebnis!], das ist sehr plötzlich geschehen. Denn es könnt kein Leib ertragen, dass die Seele eine Stunde dort wäre".[87] Sie ahnt des Phallische des Berges, und um das soll es nicht gehen. Die Minne gilt dem Geliebten und niemand sonst, während ich die wörtliche Enthüllung in den *Pass-Worten* als das Hauptziel ansehe. Mechthild genügt es schon, nur seine Stimme zu hören.

---

[87] Mechthild von Magdeburg, Das Fließende Licht der Gottheit, Verlag der Weltreligionen (2010) II. 21, S. 59

Wenn hinter dem ‚Meer‘ der schmale Saum eines fernen Landes auftauchen würde (denn das kann ich nicht alles selbst und frei steuern, so sehr ich mit dem Gedanken ans ‚Meer‘ den funkelnden Schimmer von selbst in den inneren Blick bekomme), würde dies vielleicht meine Neugier wecken nach der Landschaft und den Menschen an diesem unbekannten Gestade. Es könnten fremde Menschen, schöne Menschen, Körper, Augen und weiß Gott was noch für Gestalten auftauchen, und das bringt niemanden etwas. Oder? Erneut: Horrorszenarien schließe ich aus, denn diesbezüglich ist die *Analytische Psychokatharsis* viel zu sehr vom Charakter der wissenschaftlich aufgebauten *Formel-Worte* und der rational deutbaren *Pass-Worte* her bestimmt.

Hätte man diese klare Führung nicht, könnte man freilich in alptraumartige ‚Visionen‘ verfallen, wie sie die noch wild und unkontrolliert meditierenden Mystiker und Eremiten a la Antonius erleben mussten, der sich bekanntlich mehrmals in die Wüste zurückzog, wo er von quälenden Schreckensszenarien verfolgt wurde. Hässliche Fratzen, wilde Tiere und Monstergestalten suchten ihn heim. Der Maler Max Ernst hat diese seelischen Foltern trefflich dargestellt und bekam sogar in einen Wettbewerb den ersten Preis dafür. Antonius soll – trotz oder wegen seiner Askesen und Halluzinosen – hundertvier Jahre alt geworden sein. Auch von vielen alttestamentarischen Figuren, von Buddha und indischen Heiligen wird dies erzählt.

Denn freilich muss ich ergänzen, dass das ‚Meer‘ gut zu dem passt, was man in der Psychoanalyse die ‚präödipale Mutter‘ nennt. Sie wird in der Ödipus Sage durch die Sphinx, im alten Orient durch die mutterrechtliche Ishtar und im modernen Menschen durch Psychotisches oder Perverses im unbewussten Kernphantasma repräsentiert. Dieses Phantasma trägt entscheidend zu den Formen des Verlangens und Begehrens des heutigen Menschen bei, aber auf ein solches in Form des ‚Ikonischen‘ kann man eben auch für eine volle, pralle Lebensgestaltung nicht ganz auslassen. Freud glaubte in der Abwendung von der Hypnose, in der sich wie berichtet die Patienten der Katharsis hingaben, darauf verzichten zu können, doch ich nutze in der *Analytischen Psychokatharsis* für den Sprung von der ‚Vision‘ zur ‚Rhetorik‘ das *Pass-Wortes* die Katharsis in konstruktiver Weise. Wenn man den Sprung im Auge hat, wird man beim ‚Meer‘ und der ‚präödipalen Mutter‘ nicht lange verbeiben.

Denn ich will ja von einem selbstanalytischen Verfahren berichten, ich will eine Wissenschaft v o m Subjekt befeuern, ein Zu-Sich-Kommen für jeden Einzelnen, der es benötigt oder sich dafür interessiert, auch wenn man dabei zuerst einmal in ‚Visionen‘ eintaucht. Wie ich schon eingangs sagte, das Wort, der Begriff ‚Vision‘ ist eigentlich falsch. Er verführt zur Mystik, aber die Aktivierung der Katharsis, die wie berichtet Freud nicht mehr verwenden konnte, hat einen neutralen, befreienden Charakter und ist so in der *Analytischen Psychokatharsis* äußerst

nützlich beim Übergang (Lacan: Transition) zum enthül-
lenden *Pass-Wort*. Diesen Moment habe ich schon her-
vorgehoben und betone ihn erneut. Wenn Lacan nämlich
behauptet, in der Mystik antwortet der Signifikant sich
selbst, trifft dies auf die *Analytische Psychokatharsis*
nicht zu. In der Transformation (von der ersten zur zweiten Übung) findet ein Umwandlungsvorgang statt, ein
‚anders herum‘ der Signifikanten, der zwar die signifi-
kante Bewegung in einen durchgehenden Zug hält, aber
gerade das ‚défilé signifiant‘ zum Sprung nutzt. Gerade
im ‚anders herum‘ liegt doch das ‚défilé‘.

Nun muss man ja nicht nur das ‚Meer‘ wählen oder die
schönen Menschen, drei in sich verwundene Ringe, der
Bo-Knoten, eine endogene Formierung, ein ‚Stern‘, kleine Kreise, würden es auch tun (siehe Abbildung unten),
um dem ‚Ikonischen‘ Gehalt zu geben.[88] Dann passiert
natürlich etwas anderes. Die Ringe werden nicht irritie-

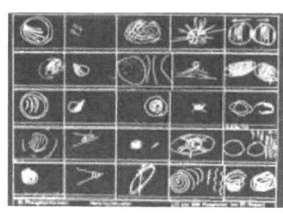

ren, sie werden sich öffnen
und schließen. Ganz automatisch entstehen ähnliche
dengebilde wie Lacan sie
gemalt hat, aber auch andere
geometrische Figuren, wie sie

---

[88] Eichmeier, J., Höfer, O., Endogene Bildmuster, U&S – Verlag
(1974), die durch Reizung vorgelagerter Sehareale erzeugt
werden können, hier aber wegen ihrer Einfachheit und so als
nicht bedeutungsvoll imponieren.

früher auch durch Sternbilder inspiriert worden sind, auch wenn ich hier den Abstand zu astrologischen oder willkürlichen Bildern halten möchte. Ob es nun kleine Punkte und Kreise sind, wichtig ist, dass die Katharsis zustande kommt, von der man dann die Transformation zur zweiten Übung starten kann. Ohne einen derartigen Schwung, öffnet sich das *Pass-Wort* meist nicht genug.

Doch wenn es sich öffnet kommen die Kurz-Phrasen, die Sprüche zustande, die – wie Lacan es auch für die Psychoanalyse forderte – bis an die Grenze der Weisheit gehen können. Die Weisheit, „la sagesse", fragte er nämlich, „c'est quoi", was ist das? . . „C'est le savoir de la ‚Jouissance", sie ist das Wissen ums Genießen", [89] und zwar das Wissen ums allerletzte, autochthone Genießen. Lacan sagt davon sogar, dass diese letztliche ‚Jouissance' – sozusagen in ihrer umfassendsten und übergeordnetesten Weise – das „Genießen des Realen ist, das mit dem Realen des Genießens zusammengeht,"[90] was nur mit einem Bezug zur Liebe zu erklären ist. Sie ist es nämlich, die in der Psychoanalyse einen so schweren Stand hat, weil sie exakt diesem ‚Ikonischen', Bild-Wirkenden, dem *Strahlt* verwandt ist und somit dem Symbolischen, Wort-Wirkenden widersteht (das mit dem Tod zu tun hat). Erst im konkreten Zusammenhang der beiden kommt das Reale und sein Genießen voll ins Spiel.

---

[89] Lacan. J., Seminaire XIX, seuil (2011) S. 169
[90] Lacan, J., Seminar XXI, Vortrag vom 12. 3. 1974

Lacan legt dies jedenfalls in dem zitierten Seminar XXI nahe. Er geht von der Spiegelungsliebe aus, von der Liebe zum eigenen Bild auf der einen Seite und von der zum *Anderen*, das ist dann jener ohne quergestrichenes A, den Freud mit diesem eigenartigen Vater der Vorzeit verband. Die Liebe bleibt darin jedoch nicht ausdrückbar, aber Lacan attestiert ihr eine Aufgeregtheit ('passionnant', 'excitant'), die genau dieselbe ist, die ich mit dem 'Ikonischen' des 'Berges' und des 'Meeres' zu vermitteln versuchte. Diese Liebe ist nicht passiv, schreibt Lacan, das Dumme ist nur, dass man in der Psychoanalyse versuchen muss, dieses bisschen Liebe, die wie erwähnt Übertragungsliebe hießt, aufzulösen, weil sie mit der Übertragung von Bedeutungen auf den Therapeuten zusammenhängt, die eben inadäquat, nicht wirklich passend oder äußerst kompliziert anzusehen sind.

Aber da die Liebe aufregend, fesselnd,'passionnant' sein kann oder vielleicht sogar grundsätzlich ist, hat sie auch mit der 'Jouissance' zu tun, und hier sieht Lacan einen Ausweg aus dem Dilemma der Liebe, die so schnell ins total Imaginäre, Mütterliche, Romantisierende, Schwärmerische, ja sogar ins Gelogene, Ideologische, Konfessionelle und restlos Täuschende abgleiten kann. Denn nur die Liebe, die mit dem Wissen ums Genießen liiert ist, kann aus der Klemme herausführen. Wie schon weiter oben erörtert, haben Liebende nur das halbe Wissen, und die Lösung besteht darin, dass man in der wahren, zutreffenden, tatsächlichen Liebe „das Wissen erfinden muss.“[61] Man erfindet es, indem man ihr einen Körper gibt. Es ist der dem Tod schon in Konzession gegebene und von ihm schon markierte Körper. Es ist der Körper der in sich zusammengeschlossenen Körperbilder.

Es ist also nicht der rein materielle Körper, es ist ein Körper ohne Gestalt, der Körper in der Meditation, einer, der „aus der Konsistenz der Körperbilder" besteht, bezüglich dessen Lacan sagt, dass er per definitionem eine ‚substance jouissante' ist, das schon zitierte substanzielle Genießende, das dem substanziellen Denken von Descartes und dem substanziell Ausgedehnten des Aristoteles gegenübersteht. Damit tritt die Liebe aus der bloß spiegelnden „Verherrlichung des Körpers" heraus und beschäftigt sich mehr mit ihrer Wahrheit, mit ihrer konsistenten Wahrheit. Es geht nämlich – um wieder das Beispiel der Psychoanalyse zu wählen – darum, „in welcher Weise die Wahrheit den Psychoanalytiker selbst berührt, . . . denn schließlich ist es dort, wo die Wahrheit ihre primäre Bedeutung bekommt, weil – worauf ich schon seit langem hinweise" – und hier dreht Lacan nun die Argumentation wirklich ins ‚anders herum', „weil es nur eine Übertragung des Analytikers selbst gibt, denn letztlich ist er das Subjekt das wissen soll."[91] Er soll der *Andere*, das ‚anders herum' von Liebe und Tod sein, das eben alles weiß, um was es im Psychischen geht.

---

[91] Lacan, J., Seminar XXI, Vortrag vom 19. 3. 1974

Man unterstellt ihm nicht nur ein Wissen, „er sollte auch
wissen", so sagte Lacan weiter, „wie er sich in seinem
Verhältnis zum Wissen begreift, inwieweit es von der
unbewussten Struktur bestimmt wird, die ihn von diesem
Wissen trennt, obwohl er natürlich irgendetwas darüber
weiß. Und ich betone das, ebenso durch den Test, den er
in seiner eigenen Analyse gemacht hat, wie durch das,
was er in seinem eigenen Leben gesehen hat, in seiner
eigenen Analyse so viel wie durch das, was meine Aussage ihm bringen kann. Bedeutet das, dass die Übertragung der Eingang zur Wahrheit ist? Es ist der Zugang zu
etwas, das die Wahrheit ist, aber die Wahrheit, deren
Übertragung gerade die Entdeckung ist: die Wahrheit der
Liebe".[79] Perfekt einmal um 180 Grad gedreht.

In der *Analytischen Psychokatharsis* sind diese Aspekte
genauso zu sehen, denn was Lacan betont, betrifft ja
ebenfalls dieses ‚anders herum' der Liebe, das auch mit
dem ‚anders herum' des Todes zu tun hat. „Es ist ja so,
dass jede Halb-Erzählung des Wahren den Tod zum Prinzip hat, weil das Wahre etwas ist, mit dem uns die analytische Erfahrung in Kontakt bringen kann . . .das Wahre
kann nicht anders definiert werden als das, was in der
Summe den Körper zur ‚Jouissance' hin treibt, und dass
darin das, was ihn dazu zwingt, nichts anderes ist als das
Prinzip, durch das der Sex ganz konkret mit dem Tod des
Körpers verbunden ist".

„Nur bei geschlechtlichen Wesen stirbt der Körper. Und
diesem Zwang zur Reproduktion dient in der Tat das

Wenige, was wir aussprechen können, das wahr ist. Ich werde sogar noch mehr sagen, da es um den Tod geht. . . Wir haben nämlich immer nur die wahre Ähnlichkeit, weil dieser Tod, das Prinzip des Wahren, dieser Tod im sprechenden Wesen, während es spricht, nie etwas anderes ist als eine Täuschung. Den Tod wirklich vor Augen zu haben, liegt nicht in der Reichweite des Wahren. Der Tod stößt es vor sich her. Es vor sich zu haben, sich mit dem Tod auseinandersetzen zu müssen, das passiert nur im Rahmen des Schönen, wo es emotional berührt".

„Ich habe das schon einmal demonstriert, als ich Die Ethik der Psychoanalyse gemacht habe, und es ist berührend, warum? Da die Dinge in einer bestimmten Rotationsreihenfolge sind, macht es insofern einen Unterschied, als dass es [das Schöne] den Körper verherrlicht: Dort ist das Prinzip die „Jouissance'.[92] Aber eben nicht nur da, denn wie Lacan ja gerade vorher erklärt hat, gilt dies hinsichtlich der Wahrheit der Liebe gleichermaßen, indem wir diesbezüglich „ein Spiel spielen, dessen Regeln wir nicht kennen". Es geht um das Spiel mit dem Wissen in der Liebe und dem Zusammenhang mit dem Tod.

„Und wenn dieses Wissen also erfunden werden muss, damit es Wissen gibt, dann ist das vielleicht das, wozu der psychoanalytische Diskurs dienen kann. Nur, wenn es stimmt, dass ‚was wir auf der einen Seite gewinnen, wir auf der anderen wieder verlieren', dann gibt es sicher

---

[92] Lacan, J., Seminar XXI, Vortrag vom 12. 3. 1974

etwas, das herausspringt. Es ist nicht schwer zu finden: Was herausspringt, ist die ‚Jouissance'. Denn in dieser blinden Sache, die wir unter dem Namen Liebe betreiben, gibt es keinen Mangel an Jouissance! Wir haben reichlich davon! Das Wunderbare ist, dass wir nichts darüber wissen, aber vielleicht liegt es gerade in der Natur der ‚Jouissance', dass wir nie etwas darüber wissen können".

Lacan muss so kryptisch reden, weil er diese intensive Praxis nicht kennt, die in der *Analytischen Psychokatharsis* die Hauptrolle spielt und das alles etwas vereinfacht, indem sich speziell dort das kryptisch gebliebene zeigt, es auch praktisch ‚gesehen' und erfahren werden kann und durch *Pass-Worte* auch mit der Logik des Unbewussten bestätigt wird. Auch das wiederhole ich schon zum x-ten Male. Das ‚Ikonische', das Bild-Wirkende, das pure *Strahlt*, das ‚anders herum von Liebe und Tod, die ‚Jouissance', all das benötigt eben auch noch das ‚Rhetorische', das Wort-Wirkende, das *Spricht,* schließlich jedoch eine gelungene, reife, reale Verbindung, Kombination der beiden: theoretisch im Bo-Knoten, praktisch in den Übungen der *Analytischen Psychokatharsis*.

Gerade die praktischen Verhältnisse finden sich auch angedeutet im sogenannten luziden Traum, den man neuerdings auch schon der Allgemeinheit zu therapeutischen Zwecken anbietet.[93]Auch dort finden Bild-Geschehnisse,

---

[93] Knab, B., Gerhard, S., Im Schlaf zur Erholung, ZEIT-online, 26. 7. 2017

Umgestaltungen und Zusammenführungen statt, auf die man aus einem halbbewussten Zustand einen gewissen Einfluss hat, so dass neben dem Imaginären, dem Bild-Wirkenden, das im luziden Traum mittels eines direkten Bezugs zu den Körperbildern tatsächlich *Strahlt*, Wort-Wirkendes zur Geltung kommen kann. Rücken die Körperbilder sehr stark ineinander, erzeugt sich diese wie ganz leicht unter Strom stehende Katharsis der Luzidität.

Man ist im luziden Traum wort-gedanklich in der Lage die erscheinenden Szenen etwas zu steuern. Es existiert eine Unmenge Literatur, abenteuerlicher und mehr wissenschaftlicher Art nebeneinander über dieses auch als Klartraum bezeichnete Phänomen. Ich habe früher, also am Anfang meiner Übungen mit der *Analytischen Psychokatharsis*, selbst Klarträume erlebt. Man hat eine gewisse Bewusstheit – die meisten sagen fälschlicherweise Bewusstsein – darüber, dass man träumt – und eine Halbwachheit, die ich immer nur wie einen besonders intensiven Meditationszustand auffasste. Ich wusste jedes Mal in diesen Träumen: jetzt bin ich wieder in diesem visionsartigen Moment und kann so über Landschaften gleiten, intensivste Leichtigkeit erleben, tolle Farben und Urzeitliches sehen, ärgerte mich jedoch stets danach oder am nächsten Morgen, dass mir nichts weiteres eingefallen war oder ich dabei nicht an die eigentlichen Meditationsformeln gedacht hatte, die mich doch viel weiter gebracht hätten.

Wenn auch schon die Landschaften phantastisch waren und so sehr ähnlich mit dem von mir so titulierten ‚Ikonischen' erscheinen, so hatte ich immer eine unklare Intention dahingehend, dass ich ein ‚höher' anstreben sollte, ein ‚höher hinaus', doch stets bekam ich dann Angst, dadurch wie Ikarus der Sonne zu nahe zu kommen und die Hitze nicht aushalten zu können. Ein wahrscheinlich ganz kindlicher, intuitiver Reflex, aber gleichzeitig ein Beweis dafür, dass man im luziden Traum nicht den ganzen Durchblick hat. Denn schließlich lag ich ja gemütlich im Bett und brauchte keine Angst zu haben, das Schicksal von Ikarus zu erleiden.

Ich kann das Wesen des ‚luziden Traums' mit der totalen Spiegelwelt des zusammengefügten Körperbilds erklären. Im normalen Traum rücken die Körperbilder unter dem Primat des Schlafwunsches, aber auch einer psychophysischen Erschöpfung ein bisschen zusammen, fast ohne Bewusstsein und Bewusstheit.[94] Im luziden Traum aber bleibt der engere Zusammenhang der Körperbilder auch noch eine Zeit lang erhalten. Der „Solipsismus des Traums" wird, wie der Traumforscher D. Wyss meinte, speziell in dessen luzider Form noch nicht von der „gegennichtenden Wirklichkeit des Wachens" völlig einge-

---

[94] Eine gewisse, angedeutete Bewusstheit besteht im Traum darin, dass er einen unbewussten Wunsch als erfüllt darstellt, man erlebt ihn aber wie wirklich erfüllt, was nicht die letztendliche Bewusstheit ist.

holt,[95] so dass nur ein reduziertes Denken möglich ist, ein halbbewusstes Trancedenken, das trotzdem keine Basis für eine Wissenschaft v o m Subjekt sein kann. Indem aber die Gedanken zu den luziden Erscheinungen den Charakter der Nähe zum Unbewussten haben, sind durchaus wieder die beiden Grundkräfte, das *Strahlt* und *Spricht* im Spiel, jedoch immer noch ziemlich unkontrolliert kombiniert.

Ihre Kombination, ihre ‚niedrigste Zusammenführung' (Ein Begriff aus R. Musils Roman ‚Der Mann ohne Eigenschaften') ist völlig unstet und ungeordnet und also für ein therapeutisches Vorgehen ungeeignet. Da erging es dem chinesischen Philosophen Tschuang-Tse noch ein wenig besser, der träumte ein Schmetterling zu sein und aufwachend sich fragte, ob es sich nicht um einen Schmetterling handelt, der träumte ein Mensch zu sein. Lacan meint dazu: "Er hat recht, und zwar in doppelter Hinsicht, denn erstens beweist das, dass er nicht verrückt ist, er hält sich nicht für absolut mit Tschuang-Tse identisch und zweitens, weil er sich nicht bewusst ist, dass er mit seiner Aussage so genau ins Schwarze trifft. In der Tat, als er eben Schmetterling war, erfasste er sich an einer Wurzel seiner Identität, war und ist er in seinem Wesen dieser Schmetterling, der sich in seinen eigenen Farben malt . . das heißt aber nicht, dass er vom Schmetterling gefangen ist, er ist erbeuteter Schmetterling, aber

---

[95] Wyss, D., Traumbewusstsein, Vandenhoeck und Ruprecht (1988) S. 165-179

Beute von nichts, denn im Traum ist er niemandes Schmetterling. Aufgewacht ist er Tschuang-Tse für die anderen und ist in deren Schmetterlingsnetz gefangen"[96].

Er ist im Netz des allgemeinen *Strahlt / Spricht* eingewickelt, dessen Schrägstrich ihn schwanken lässt, irritiert sein lässt. Aber er belässt es nicht dabei: Wie Sokrates fängt er an zu philosophieren und damit aus dem simplen Schmetterlingsdasein und dem genauso simplen Ich-bin-Ich, aus seinem reinen flatternden Hülsen-Namen herauszutreten. Er frägt sich wie J. Bennett nach der ‚lebhaften Materie', nach der Natur/Mensch-Einheit und warum diese so schwer zu erreichen ist. Denn von dem Moment an, wo alle ihm ins Ohr schreien: Tschuang Tse, Tschuang Tse! Ist er wieder nur jene Chiffre, die sich alle Menschen mit- und gegeneinander geben. Er muss eine Philosophie oder Psychoanalyse schaffen, die darüber hinausgeht, aber ihm seinen Schmetterling erhält!

Zwischen Schlaf und Wirklichkeit gibt es also keine klar abgrenzbare Zwischenstufe, lediglich in der Meditation, in der Psychoanalyse, im luziden Traum, etc., kann man sich sozusagen wie auf einer dritten Plattform bewegen, die jeweils unterschiedlich ist. Im luziden Traum gelingt es für einige Zeit die Körperbilder und Schriftzeichen zusammenzufassen und stabil zu halten, so dass man Wachen und Träumen eben nicht im Freiheitssignifikan-

---

[96] Lacan, J. Die vier Grundbegriffe der Psychoanalyse, Seminar XI, Walter, (1980) S. 82

ten, sondern im etwas gelenkten, meditativen oder in Freuds ‚gleichschwebender Aufmerksamkeit' ähnlichem Zustand zusammenhalten kann. Es bleibt aber vorwiegend bei der banalen Spiegelerfahrung.

Die reine Körperbildspiegelung nannte Freud den „primären Narzissmus", eine Strebung zu luzider Eigenliebe, Selbstbeleuchtung, zu einem ‚Egoismus des Lichts' wie manche Yogalehrer sagen. Man muss sich das Geschehen im Sinne der Einstein'schen Geometrie (Topologie) denken, in der eben die unendliche Gerade wieder ins Endliche zurückkommt und dadurch dem Kreis äquivalent ist. Der Kreis aber ist eine frühe und maßgebliche Form des imaginären *Signifikanten* und dies nicht nur, weil man ihn sich als Ring an den Finger steckt oder als Kette um den Hals legt. Auch die Mond- und Sonnescheibe und viele andere Ringformen gehören zu dem von der Natur gelieferten *Signifikanten*, die In-Sich-Geschlossenes, Verbindendes symbolisieren, also den Übergang vom Imaginären zum Sprachlichen und wieder zurück, der Beginn einer sich festigenden Ordnung, die aber kein absolut Wirkendes, kein brauchbares Reales ist.

Dem luziden Träumer, dem Philosophierer, dem Imaginierer, ja oft auch dem Kunstmaler, fehlt die wortwirkende Rückversicherung, wer er selbst wirklich ist, Mensch und Schmetterling, Ich und *Anderer*. Man kommt bei all diesen esoterischen und luzid träumerischen Versuchen letztlich immer zu einer Stelle, wo man völlig irrational wird, was ja auch im Wachzustand mög-

lich ist, wenn man etwas Paranoisches denkt. Der Parano-
iker hält sich selbst absolut nicht für paranoisch. Der
luzide Träumer merkt nicht, dass ein gesunder Schlaf-
wunsch ihn zu Morpheus zurückführt, wenn das Traum-
gewebe zu unsinnig wird, der Philosoph nicht, dass die
Menschen ihm nicht folgen, wenn die zu vielen Gedanken sich überstürzen und der Kunstmaler nicht, wenn er
nur zur ‚Augentäuschung' verführt.

Die Erklärung meiner Methode, der *Analytischen
Psychokatharsis*, lässt sich am besten mit Lacans ‚défilés
signifiantes', den signifikanten Engführungen, erstellen.
Denn die *Formel-Worte* sind nichts anderes als ein derartiges logisches, signifikantes ‚défilé', durch das man hin-
durch muss, um ans Ziel zu kommen. Auch die ‚Visionen' sind solche Engführungen, die einen durch die Inflation des Bildlichen hindurchführen können.

All den Wissenschaftsautoren, die ich zitiert habe, fehlt
die ‚Vision' hinsichtlich dessen, was eine Formel des
Subjekts sein könnte. Immer kommt die eine oder die
andere Seite zu kurz. Oder es gelingt die ‚niedrigste Zusammenführung' der beiden nicht. Doch eben all dies ist
in der *Analytischen Psychokatharsis* anders, weshalb ich
im nächsten Kapitel schon einmal eine Kurzfassung der
Methode beschreiben will, die mehr den praktischen Teil
betrifft. Mit dieser Beschreibung und einer kleinen Ergänzung im Anhang sollte es für jeden möglich sein,
allein aus dem Studium mit den zwei einfachen Übungen
des Verfahrens zu beginnen.

8. Lacans ‚Ding‘ und die Bewusstheit der Mechthild von Magdeburg

Ich gebe eine letzte Zusammenfassung des bisher oft bruchstückhaft Wiederholten. Ich habe von Anfang an das Bewusstsein von der Bewusstheit unterschieden. Bewusstsein ist lediglich eine gespiegelte Wahrnehmung der Welt in ein inneres Substrat, beispielsweise ins Gehirn. Der Neurowissenschaftler G. Tononi erstellte eine derartige, neuzeitliche Theorie des Bewusstseins.[97] Ihm zufolge „hängt das Maß des Bewusstseins von der Struktur des zu Grunde liegenden Substrats ab: Je zusammenhängender ein Substrat ist, desto bewusster ist es. Gemäß dieser Theorie wäre Kognition also keineswegs auf Lebewesen beschränkt", schreiben zwei weitere Wissenschaftler im Spektrum der Wissenschaft.[98] Und: „So kann man ebenso einem Schaltkreis, einem Computer oder einem Stein ein gewisses Maß von Bewusstsein zuordnen – auch wenn es sehr klein ausfallen mag".

Die Wissenschaftler weisen auch auf Damasio und seine drei Bewusstseinsstufen hin: Proto-Selbst, Kernbewusstsein und erweitertes Bewusstsein, die alle die eigentliche Bewusstheit nicht erfassen. Selbst im erweiterten Be-

---

[97] Tononi, G. et al., Integrated information theory:From consciouness zo its physical substrate. Nature Reviews Neuroscience 17 (2016)

[98] Krauß, P., Maier, A., Bewusstsein, Spektrum der Wissenschaft 7 (2021) S. 12-20

wusstsein liegt die Betonung wieder auf den typischen, von mir schon süffisant karikierten ‚höheren kognitiven Funktionen‘, auf dem bewussten Zugriff auf Gehirn und Sprache, weit ab also vom erfüllend Bewusstheitlichen, das mit einer weitgehenden Selbstsublimation ins ‚Ikonische‘ (oder elementares *Strahlt / Spricht*) verbunden ist. Liest man sich durch die neuere Literatur zur Frage des Bewussten und des Unbewussten, wird dieser Unterschied weiterhin kaum eruiert. Im Gegenteil, man sieht zunehmend in der künstlichen Intelligenz den entscheidenden Konkurrenten zum menschlichen Bewusstsein. Aber wer wird denn gleich so manichäisch sein und nach den Maschinen greifen!

Dabei ist Tononis Ansatz gar nicht so schlecht, denn es zeigt, dass für den Stein diese Unterscheidung Bewusstsein / Bewusstheit noch nicht zutrifft, nur irgendetwas Bewusstseinsmäßiges fängt bei ihm bereits an. In den höheren kognitiven Zuständen müsste man sich allerdings nach der das Substrat betreffenden „Anzahl aller möglichen Geisteszustände im menschlichen Gehirn (Substrat) fragen“, schreiben die genannten Autoren im Spektrum der Wissenschaft, und dies würde dann völlig absurd. Das Bewusstsein würde an zu viel von sich selbst heftig krank. Somit wird trotzdem klar, dass man an einer bestimmten Stufe zwischen Stein und der Unendlichkeit der Geisteszustände aus dem Substrat rechtzeitig aussteigen muss, sich selbstsublimierend abheben oder wie Lacan fuzzilogisch sprechen muss, um zu dem zu gelangen, das man die volle Bewusstheit nennen kann, die sich klar vom blanden Bewusstsein trennen lässt.

Dies bestätigen auch die Autoren in dem Artikel im Spektrum der Wissenschaft, indem sie vom ‚Eliminativismus' berichten, einer psychologischen Forschungsrichtung, wo „der Geist auch ohne Bewusstsein voll funktionsfähig ist". Erstaunlich, dass Neurowissenschaftler so weit gehen und offensichtlich damit auch auf das Phänomen der Bewusstheit hinweisen, denn was sollte das sein ‚voll funktionsfähiger Geist ohne Bewusstsein'? Eben, ausschließliche Bewusstheit! Ein wenig anschaulicher kann man vielleicht das Ganze anhand des Beispiels vom Zwischenreich des Todes darstellen. Dort herrscht ja auch nur das geringe Bewusstsein des Steins vor, oder sagen wir einmal: der Prokaryonten (Einzeller ohne Zellwand). Wenn die Leute also monieren, dass der sich im Zwischenreich Befindende gar nichts mehr bewusst mitbekommt, nie mehr wach werden kann und sich ohne jede Möglichkeit für ‚höhere kognitive Leistungen' im Finalstadium befindet, haben sie durchaus recht.

Aber er befindet sich auch im extremen Regressions- und Eliminations-Zustand, den die Psychoanalyse zwar als unbewusst ansieht, doch dies tut sie, weil sie das Unbewusste – speziell nach Lacan – als „strukturiert wie eine Sprache, wie die Sprache des *Anderen*", auffasst. Es kann sich um den zitierten ‚logischen Automatismus' handeln, in dessen primärem *Spricht* ebenfalls mehr Bewusstheit als Bewusstsein steckt. Und das *Strahlt* kann ultrasubjek-

tiv – wie Lacan vermerkt – und das heißt wie beim Ekstatiker außerhalb des Bewusstseins sein, aber um so mehr
in der erfüllenden Bewusstheit bestehen, die manche so
gern als ‚spirituell‘ bezeichnen. Im Wort- und Bild-
Wirkenden, im *Spricht* und im *Strahlt*, ist Bewusstsein
und Bewusstheit nicht immer klar zu unterscheiden. Da
tat sich Mechthild von Magdeburg schon leichter.

Bei Mechthild von Magdeburg ist das Bewusstsein eben
das durch Verstehen von außen her verstandesmäßig
Erfasste, während die Bewusstheit das von innen her
sozusagen gnadenmäßig (spontan, meditativ, selbstsub-
limiert) Erworbene ist. Die Gnade, die Minne, alle diese
stark aufgeladenen, erhöhten und aus erheblicher
Selbstsublimierung stammenden Größen ermöglichen ihr
klare Unterscheidungen. Sie muss sie allerdings teuer
erkaufen. So ist die Minne deutlich erotisch-sexuell untermauert, was ja die katholische Kirche veranlasste,
Mechthild nicht heilig zu sprechen (diese krähwinkelhaf-
ten Kleinkrämer!). Und die Gnade hat einen fast mani-
schen Überbau, der psychiatrisch anmutet. Sie ist Zufall
und doch auch durch Frömmigkeit erworben und bei
Mechthild ist sie eben einfach da. Zuverlässig und eng
mit der Minne verbunden.

Es handelt sich um eine gnadenlose Gnade, um reine
Bewusstheit. Nun ist sie kein Vorbild mehr für heute,
auch wenn wir zwar zahlreiche Bewusstseinsforscher,
aber kaum Bewusstheitsforscher haben. Trotzdem hänge
ich hier eine Abbildung an, die der Psychologe F. Helg

nach H. Petzold in seinem Buch ‚Psychotherapie und Spiritualität' abgedruckt hat.[99] Es geht dabei um einen aus östlicher Meditations- und Yogatechnik und westlicher Gestaltpsychologie zusammengesetzten Überblick. Ich habe ihn um die Begriffe Bewusstsein (oben) und Bewusstheit (unten) ergänzt, wo sie einigermaßen gut hinpassen. Freilich hat dieses Bild nicht die Präzision weit gereifter Wissenschaft, auch nicht der Lacanschen Psychoanalyse, wo der Begriff des ‚Selbst' nicht verwendet wird, da er logisch nicht genug geklärt ist.

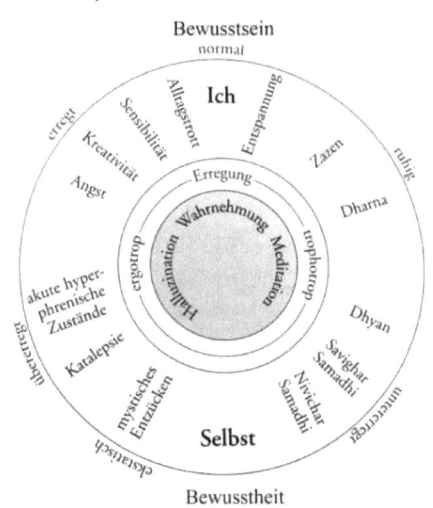

Dennoch sieht man, dass Bewusstheit einerseits bis zu Ekstatik gehen kann, andererseits aber auch nahe an der völligen Untererregtheit (z. B. des Zwischenreichs im Sterben) und an dem laut östlicher Begrifflichkeit als Ruhezustand der reifen Persönlichkeit geltenden Sama-dhi, zu finden ist. Dieses ans Esoterische erinnernde Schema ist im Grunde genommen nicht

[99] Helg, F., Psychotherapie und Spiritualität, Walter (2000) S. 137

schlechter zu bewerten als mein ‚Ikonisches' mit ‚Berg'
oder ‚Meer'. Man muss zwar beim akademisch geschul-
ten Helg eine gestalttherapeutische Praxis aufsuchen, die
Lacan stets abqualifizierte, weil schon feststand, was
herauskommen wird: die gute Gestalt, die gute Form, die
letztlich der Therapeut bestimmt. Es gibt daher noch eine
andere Möglichkeit des Vergleichs, nämlich das
Kant'sche ‚Ding an sich'.

Das Kant'sche Ding an sich wurde von Schopenhauer
schon zum Willen, also zu einem Vorgang des Subjekts,
umgewandelt, weil es mit einer physischen, objektiven
Größe einfach nicht mehr fassbar war. Bei Lacan und in
der *Analytischen Psychokatharsis* steht ebenfalls der
Subjektbezug im Vordergrund, es dreht sich um das
‚Ding', das eben keine Gestalt, keine vorgefasste Form
hat, sondern eine, die nur durch ihre alleinige Bewusstheit zählt, und die Lacan als Kontrapunkt zum *Anderen,*
zu *l'Autre,* stets auf Deutsch das ‚Ding' nannte. Es ist
eine eindrucksvolle Erfahrung dieses ‚Dings', das bei
Lacan eben nicht ‚la chose', die Sache ist, sondern eher
etwas Dinghaftes, das leer ist, hohl wie eine fast unendliche Lücke, auratisch. Die Psychoanalytikerin J. Bossinade schreibt dazu, dass das Lacansche ‚Ding' eine Art
extremer Sublimation, extremer Vergeistigung, Verfeinerung ist, so dass man fast von einer maximalen Selbstsublimation sprechen muss, die aus dem Stand heraus, also z.

B. ohne die Hilfe eines *Formel-Wortes*, kaum zu erreichen ist.[100]

Das ‚Ding' zu erfahren heißt also, der reinen Bewusstheit, dem höchsten Genießen, aber auch dem Tod nahe zu sein. Kant selbst musste nur in den Himmel schauen, um davon so fasziniert zu sein, dass er sich angeblickt fühlte. Ihm genügte der Blick in den Sternenhimmel und die Stimme der Moral in ihm selbst, um vom ‚Ding an sich' reden zu können. Es geht bei ihm meines Erachtens um die engste Kombination des *Strahlt* (Sternenhimmel außen) / *Spricht* (moralisches Gesetz innen). Dies korreliert bei Lacan einerseits um „den *Anderen*, den man – trifft man ihn immer an seinem Platz an – auch den *Anderen* des astres (den Anderen der Sterne) nennen kann, *L'Autre* und das ‚Ding' weil er/es so das stabile System der Welt und des Objekts ist."[101] Diese(r)(s) Lacan´sche *Andere* und sein ‚Ding' stellen für ihn eben zusammen überhaupt das Zentrum des Unbewussten und auch des Universums dar.

Und weil dies nunmehr in jedem von uns authentisch vorhanden ist, braucht es laut Lacan keinen Universitätslehrer, keinen Lehrmeister. „Der Unterschied zwi-

---

[100] Bossinade, J., Theorie der Sublimation: Ein Schlüssel zur Psychoanalyse und zum Werk Kafkas, K&N (2007)
[101] Lacan, J., Seminar III, Quadriga (1997) S. 89 wo er sich auf die Konstanz der Fixsterne bezieht, die wie das ‚Ding' immer da sind, obwohl man letztendlich von ihnen nichts weiteres zum Unbewussten sagen kann.

schen dem 'Ding' und dem Objekt, der chose", schreibt
Lacan, „ist also zunächst der, dass das 'Ding' fundamen-
tal fremd ist, . . jedenfalls das erste Außen ist als das,
woran sich der ganze Weg des Subjekts orientiert. Es ist
ohne jeden Zweifel ein Weg der Kontrolle, der Referenz,
im Verhältnis wozu? - zur Welt seiner Begehren."[102] Ich
deute dies so: Wir begehren zu viele Objekte, wir sind zu
sehr objektbezogen, und so bleiben wir unten, zu sehr
geerdet, anstatt das Objekt – wie Lacan weiter ausführt –
'zur Würde des 'Dings' zu erheben', also zu sublimieren,
zu vergeistigen, in der Bewusstheit zu verfeinern. Die
‚chose' gebliebenen Objekte sind nur bewusstseinsfähig,
aber nicht zur vollen Bewusstheit geeignet.

Ganz klar, dass das ‚Ding' dem Realen nahe ist und sich
doch unterscheidet, indem es eher das unsichtbar Wirkende darstellt, das ‚Leere', das aber eben gerade wegen
seiner scheinbaren Nichtigkeit wirkt. „Das Reale ist ohne
Riss, es ist ein Festes, Dunkles, aber das ‚Ding' ist da,
wo sich das *Andere* für das Subjekt unübersetzbar zeigt",
schreibt J. Bossinade.[103] Sie schreibt auch folgenden
schwer verständlichen, wenn auch zutreffenden Satz:
„Infolge des Auftritts des ‚prähistorischen Anderen'[gemeint ist wieder diese Art frühzeitlichster Vaterfigur, Gott, Urahn] erfährt das menschliche Subjekt eine
‚Distanz', durch die es sich von einem Zustand ‚entfrem-

---

[102] Lacan, J., Seminar VII, Quadriga (1996) S. 66f
[103] Bossinade, J., Theorie der Sublimation: Ein Schlüssel zur
Psychoanalyse und zum Werk Kafkas, K&N (2007)

det'[nämlich dem „Ding"], den es nachträglich als bruch-
loses Reales bzw. als geschlossenen Mutterleib imagi-
niert". Eine Rückkehr ist also nicht mehr möglich, weder
in den psychisch so stark nachwirkenden Mutterleib noch
ins Paradies, aber „das Ding" bleibt einem als Leere und
Selbstsublimation erhalten. Es ist nicht Nichts, aber es
erinnert ganz stark wieder an die Bewusstheit als solche.

L'*Autre* ist mitsamt dem ‚Ding' in und um uns und gibt
uns das *Strahlt* eines sternenartigen Angeblicktseins und
das *Spricht* eines orientierenden Lautes, die in der
Analytischen Psychokatharsis in einen konkreten Zusammenhang gebracht werden können, während in allen
anderen Beschreibungen die beiden immer nebeneinander
stehen bleiben und ihr Zusammenhang nur beschworen
(wie bei Mechthild) oder nur theoretisiert (wie in der
klassischen Psychoanalyse) wird. Die Beschwörung
erzeugt eine masochistisch-manische Form, wegen der
man Mechthild trotzdem hätte heilig sprechen können.
Obwohl er immer interessant zu lesen ist, hinkt der
Theoretizismus der Psychoanalyse seiner eigenen Praxis
stets weit hinterher.

Deswegen ist das ‚Ding' verbunden mit der Bewusstheit
der Kluft, des grundsätzlichen Fehlens, das für den Menschen so bestimmend ist. Schon Freud konstatierte, dass
es drei Diskurstypen gibt, denen eine Beziehung zu dem
Lacanschen ‚Ding' genau korreliert. So existiert in der
Kunst eine Verdrängung des ‚Dings', in der Religion gibt
es eine Verschiebung und im Diskurs der Wissenschaft

geht es um die Verwerfung des ‚Dings'. „Der Diskurs der Wissenschaft verwirft die Präsenz des Dings, insofern aus seiner Sicht, sich das Ideal des absoluten Wissens abzeichnet, das heißt das Ideal von etwas, das zwar das ‚Ding' setzt, doch mit ihm nicht rechnet. Jedermann weiß, dass diese Sicht sich in der Geschichte letztlich als ein Scheitern herausstellt. Der Diskurs der Wissenschaft ist von dieser Verwerfung bestimmt, deshalb wahrscheinlich – was vom Symbolischen verworfen wird, erscheint nach meiner Formel im Realen – läuft er auf eine Sicht hinaus, in der, am Ende der Physik, ein so Rätselhaftes wie das Ding' sich abzeichnet."[104]

Nichts kann deutlicher machen, dass das ‚Ding' nur durch eine derartige Praxis vermittelt werden kann, wie sie in der *Analytischen Psychokatharsis* geboten wird, denn das ‚Ding' ist nichts Beschreibbares, es ist nur individuell erfahrbar. In der üblichen psychotherapeutischen (psychoanalytischen) Sprechstunde, in Religion und Philosophie kann dieses Reale nicht erreicht werden, weil man nicht einmal die Scheinwelten des ‚Dings' wie den ‚Berg' oder das ‚Meer' zu sehen bekommt, sondern nur über sein Geheimnis hinter vorgehaltener Hand tuscheln darf. Man muss die Katharsis des Bild-Wirkenden, des *Strahlt*, des ‚Dings' erfahren dürfen, denn als Katharsis ist das ‚Ding' Praxis geworden, hochtreibende, befreiende, beseligende Praxis, deren Bezug zu Liebe und Tod als

---

[104] Lacan, J., Seminar VII, Quadriga (1996) S. 162

dem ‚anders herum‘ ich ausreichend – auch anhand von Mechthilds großen ‚Visionen‘ – geschildert habe.

Das ‚Ding‘ ist – ganz im Lacanschen Sinne – Mechthilds ‚Minnelager‘, das kein Lotterbett ist, keine ‚chose‘, sondern im Gegenteil, das Imaginär-Reale per se, das Unsagbare, das – wie zitiert –‚erste Außen‘ oder besser ‚Innen-Außen‘, denn es ist nicht lokalisierbar. Dementsprechend ist es überhaupt kein Ort, sondern ein Zustand, eine Verfassung des Subjekts, wenn es denn in der Bewusstheit realisiert ist. Meine kleinen ‚Visionen‘ haben den Vorteil, dass sie mich nicht so weit vom Alltäglichen fortreißen und doch wichtig und hilfreich sind als ‚Dingerfahrung‘, als Einstieg in die Bewusstheit des Übergangs zu dem *Pass-Worten,* als Ausgang für das ‚anders herum‘.

Freilich ist das Lacansche ‚Ding‘ das ‚anders herum‘ seines *l’Autre,* der vom Wort-Wirkenden herkommt und nun im *Pass-Wort* dem ‚Ding‘ sogar noch einen Namen, eine definitive Aussage, verpassen darf. Es ist nötig den hochtreibenden, selbstsublimierten Effekt zu haben, wie ihn Mechthild zeigt, ihm aber dann keine moderne oder gar wissenschaftliche Form geben kann. Der Effekt dieses Nichts, bringt die Leere des ‚Dings‘ in Bewegung, damit es als Krönung auch eine definitive Aussage machen kann. Das kann einem niemand vorkauen, das muss der Einzelne selbst in sich erreichen und damit in der erfüllenden Bewusstheit reüssieren. Das ‚Ding‘ als *Strahlt/Spricht* muss als Einsheit realisiert werden.

Klar, dass diese letzte Bewusstheit des ‚Dings‘ bevorzugt auch in den letzten Zügen des Sterbens erfahren werden kann oder man auch im extremen Rückzug in Meditation und anderen Körpertechniken schon während des Lebens mit ähnlicher Intensität Kenntnis davon haben wird. In den herkömmlichen Psychoanalysen, so sehr ich diese schätze und auch als Therapeut ausgeübt habe, wird man nie dahin kommen, und für die Behandlung von Neurosen ist es auch gar nicht unbedingt notwendig. Aber im Falle psychosomatischer Erkrankungen und von Persönlichkeits- oder Somatisierungsstörungen ist es ohne eine tiefgreifende Umschaltung wahrscheinlich nicht ausreichend, nur eine herkömmliche Therapie durchzuführen.

Zu Spekulationen verführend ist Lacans letzter oben zitierter Satz vom ‚Ende der Physik, wo so Rätselhaftes wie das ‚Ding‘ sich abzeichnet‘. Und zwar besonders durch die nun gewonnene Erkenntnis der vollen Bewusstheit des ‚Dings‘ einerseits und des Bewusstseins, das selbst noch in der Materie zu finden ist, wie der Neurowissenschaftler Tononi feststellte. Beides würde doch zur physikalischen Endtheorie passen, in der man seit Jahrzehnten darum kämpft, wie Quantenmechanik und Relativitätstheorie koordiniert werden könnten. Oder auch, wie diese Koordination mit Psychischen, dem Unbewussten und dem ‚Ding‘ zusammenhängen. Doch wie gesagt, es bleibt vorerst Spekulation. Im folgenden Anhang erörtere ich die genaue praktische Durchführung des Verfahrens der *Analytischen Psychokatharsis*.

Anhang

Das Verfahren der *Analytischen Psychokatharsis* ist von seiner praktischen Seite her – wie schon zum Teil beschrieben – sehr einfach. Trotzdem noch eine kurze Zusammenfassung und weitere *Formel-Worte*. Man sitzt in bequemer Haltung und wiederholt rein gedanklich langsam hintereinander zwei, drei oder bis zu fünf *Formel-Worte*,[105] während man gleichzeitig darauf achtet, ob etwas auftaucht, das den Charakter eines ‚Es *Strahlt*‘ hat. Bei dem „*Strahlt*“ kann es sich um eine Erhellung, Körperbildwahrnehmung, ein Schimmern, einen ‚Lichtpunkt‘ oder eine grundlegende Luzidität handeln, dem eben solch ein Phänomen zukommt. Das *Strahlt* ist also nicht etwas, das man selbst imaginieren, erzeugen oder gar erzwingen muss. Man muss nur darauf achten, es zu erfahren.

Es ist in jedem Menschen als Primärform eines Kräftegeschehens (Triebkraft) vorhanden und muss so nur geweckt oder erwartet werden. Genauso kann das Es *Strahlt* aber auch das erwähnte Durchschauern, ‚Durchrieseln‘ zu spüren sein oder die Empfindung auftauchen, wie sich das eigene Körperbild verschiebt, sich weitet oder es einfach nur als Schimmern vor den geschlossenen Augen

---

[105] Weitere *Formel-Worte* sind in anderen Veröffentlichungen oder auch auf der hinten angegebenen Webseite zu finden. Vorerst genügen die hier erwähnten. Mehr als fünf sollte man nicht benötigen.

festzustellen ist.[106] Selbst ein dunkler Schimmer ist schon eine Wahrnehmung, die sich von der Dunkelheit im Kopf ganz gering abheben kann. Egal was auch immer ,gesehen' oder erfahren wird, es wird den Charakter von einem auch nur ganz geringem ,Es *Strahlt*' haben, und das genügt.

Dadurch tritt eine Entspannung ein, eine Katharsis (Reinigung), ein Befreiungserleben, das besonders dadurch gesteigert werden kann, wenn gleichzeitig die besagten *Formel-Worte* rein mental geübt werden. Ich habe wie im Text geschildert in eigenen Erfahrungen manchmal das *Strahlt* als das ,Meer' gesehen, dann aber nur auf das einen darüber hinaus hebende *Strahlt* geachtet und mich verstärkt auf den Wortlaut der *Formel-Worte* konzentriert. Denn sie sind es ja, die die erste Übung steuern, und zwar gerade in zu einem unbestimmten *Strahlt* hin, also zu keiner Gestalt, auch nicht der eines Gottes wie es Mechthild von Magdeburg praktizierte. Es genügt die Luzidität, die Katharsis, mit der man zur zweiten Übung wechselt, in der jedes zu sehr bild-wirkend Strahlendes ohnehin wieder verschwindet.

---

[106] Damit sind Erfahrungen gemeint, die etwas mit atavistischen Gefühlsreaktionen zu tun hat. Die Frühmenschen haben noch viel mit ihrer unbedeckten Haut gefühlt, ertastet und umweltbezogen kommuniziert. In der *Analytischen Psychokatharsis* wird diese Erfahrung jedoch als Bestätigung einer Erkenntnis genutzt z. B. bei den *Pass-Worten*.

Was ich gerade eine grundlegende Luzidität, eine Erhellung genannt habe, die sich in Richtung auf ein innerlich-körperhaftes ‚Durchrieseln' verlagern kann, ist das entscheidende Wesen der Katharsis, weil dadurch die Seele sehr körpernah ‚gereinigt' wird. Die Katharsis wird nicht nur als Folge des Erlebnisses von Furcht und Mitleid in der antiken griechischen Tragödie beschrieben, sondern auch in den vielen mythisch, magisch, mystischen Praktiken, die ich erörtert habe, als erlösend, kenntnissteigernd und therapeutisch. Wie erwähnt kommt das ‚Durchrieseln' dadurch zustande, dass die verschiedenen von F. Dolto beschriebenen Körperbilder zum einheitlichen Körperbild verschmelzen.

Ich habe es oft so erlebt, als stünde man ganz, ganz leicht unter Strom wie bei einer Chill-Out- Erfahrung, die etwas mit der Lacanschen ‚Jouissance' zu tun hat, von der er schreibt, sie komme auch in jeder Form des Lebens vor. Man darf sich davon jedoch nicht dazu verleiten lassen, man sei so mit allem identisch und könne von dieser Identität aus auch wirken. Der entscheidende Schritt ist der von der Luzidität, der Katharsis zur zweiten Übung, weil diese Praxis die Theorie als real verbunden darstellt.

Links unten ist nochmals ein weiteres *Formel-Wort* dargestellt. Auch dieses (RA-DIC-IT) ist kein normales Wort aus dem Lateinischen, aber es beinhaltet mehrere sich überschneidende Bedeutungen in einer Formulierung, es ist ‚linguistisch kristallin' aufgebaut wie es Lacan vom Unbewussten sagte. Außer dem radiat und

dicit (*Strahlt* und *Spricht*) ergeben sich im Kreis geschrieben und von verschiedenen Buchstaben aus gelesen
mehrere disparate Bedeutungen. So kann man hier z. B.
auch „adi cit r" (geh heran, es bewegt R) „C i tradi"
(hundert I übergeben), „citra di" (diesseits die Götter),
„dicit ra" (es sagt ra), „r adic it" (füge r hinzu, es geht),
„radi cit" (gekratzt werden, es bewegt sich), „trad ici"
(erzähle, ich habe getroffen) etc. herauslesen, wobei vieles recht unsinnig klingt. Dies hat jedoch für den forma-
len Ausdruck keinerlei Bedeutung. Ausschlaggebend ist
nur, die wissenschaftliche Begründung (mehrere Be-

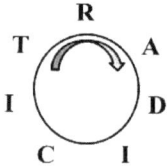

deutungen in einer Formulierung,
Verwendung nur anderer Schnittstel-
len) klar darlegen zu können, und dies
ist für das Verfahren sehr wichtig,
weil man nur so volles Vertrauen in
die Methode haben kann.

Nach dem R-A-D-I-C-I-T kann nun auch das *Formel-
Wort* O-R-S-A-C-E-R-A-M hinzugenommen werden,
denn sollte jemand wirklich Interesse haben, die analy-
tisch-psychokathar-tische Methode zu erlernen, sind wenigstens drei dieser Formulierungen notwendig. Zwei
oder gar nur eines würden einen zu schnell ermüden. In
dem – einmal anders geschriebenen *Formel-Wort* C-E-R-
A-M-O-R-S-A (Abbildung vorige Seite) stecken je nach
Ausgangsbuchstaben folgende Bedeutungen: C eram orsa
(hundertfach war ich Beginnen, cera morsa (das zerstü-

 ckelte Wachs), mors acer (der Tod ist bitter), amor sacer (die Liebe ist heilig) usw.

Wie betont, kann man diese Bedeutungen gleich wieder vergessen. Sie sind zu disparat, also auf keinen Nenner zu bringen, und das ist wichtig, weil es nichts suggeriert. Denn übt man sie in dem einheitlichen Schriftzug, wird man niemals den bitteren Tod mit dem zerstückelten Wachs und dem hundertfachen Beginnen in einem Sinngehalt zusammenbringen. Wichtig ist nur zu verstehen, wie die *Formel-Worte* aufgebaut sind, so dass man wissenschaftlich-intellektuell das Verfahren jeder Zeit hinterfragen kann. Kommen irgendwelche Gefühle oder Ideen hoch, die unpassend sind oder Angst machen, kann man nachdenken oder sich weiter über das Verfahren belesen. Blinder Glaube ist nicht gefragt.

Bei der zweiten Übung wird nunmehr auf genau dieses *Spricht*, den Laut, das Echo des Körpers, also auf ein von oben / rechts im Kopf herkommendes Verlauten, auf einen Ton, Laut, aus dem tiefen Inneren geachtet.[107] Es sind schließlich Buchstaben, die aus diesem ‚typographischen' Raum herausklingen und die das Unbewusste dort

---

[107] Der Ton, der wie von Lacan zitiert, den Primat des Sprechens beweist, ist seiner Auffassung nach auch wie ein Echo aus den im Körper (im Gehirn, im Unbewussten) gespeicherten Lauten zu verstehen.

gespeichert hält. Genau in diesen sich weitenden oder krümmenden Raum sind die *Formel-Worte* eingedrungen und haben die Buchstaben in ihrer B(r)uchstabenhaftigkeit geweckt und evoziert.[108] Auch hier wieder gilt das Gleiche: es handelt sich um einen ganz originären Aspekt des Entäußerungs- bzw. Sprechtriebes, der in jedem Menschen als Primärprozess vorhanden ist und im Unbewussten sogar die Form ganz knapper, kompakter „innerer Sätze", „ultrareduzierter Phrasen" annimmt (alles Begriffe Lacans für diese lautliche Erfahrung).

Auch hier können anfänglich nur ein feiner Laut, ein ferner Ton oder Ähnliches wahrgenommen werden können, der Übende wird jedoch von Anfang an bemerken, dass es sich hier um eine Konzentration auf ein mehr oben-rechts oder oben-zentral im Kopf befindliches Hör-Sprechsystem handelt, zu dem die Echos des Körpers Beziehung haben, auf die hier zurückgegriffen wird. Auch wenn das eigentliche Hör-Sprechsystem im Kopf linksseitig angelegt ist, ist eben rechtsseitig das mehr rudimentäre, musikalische und der Regression besser zugängliche Hör-Sprechsystem vorhanden, und seine

---

[108] Oudee Dünkelsbühler, U., Zeugnis und Schrift: B(r)uchstaben an der Couch, Les Etats Généraux de la Psychanalyse (2001), worin der Autor die elementarsten Schnitt- und Bruchstellen im psychoanalytischen Prozess meint, wie sie sich im Traum, bei Versprechern und eben umgekehrt und konstruktiv beim Üben der *Formel-Worte* einstellen.

Echostruktur deutlich zu sehen. Dazu passen dann eher die kurzen Phrasen der *Pass-Worte*, während bei den längeren das linksseitige System (psychoanalytisch: das Vorbewusste, das für die Enthüllung der Identität nicht so wichtig ist) eine Rolle spielt.

Dazu nochmals ein letztes Beispiel aus der Erfahrung eines meiner Adepten der *Analytischen Psychokatharsis*", das ich zwar in einem anderen Buch bereits veröffentlich habe, und das lautete: „Das ist es nicht"! Im ersten Moment war dem Übenden nicht ganz klar, was das heißen soll, doch kam er später mit der Ahnung zu mir, dass es mit dem Verfahren selbst zu tun haben könnte. Ich bestätigte ihm das, denn solch ein Ausdruck erinnert sehr stark an den typischen psychoanalytischen ‚Widerstand‘, also an die Abneigung gegen das Vorgehen alles frei sagen zu müssen und gegen die Aufdeckung von zu viel verdrängter Wahrheit. „Das", meine Methode, „ist nicht das, was es sein sollte", was er sich vorgestellt hatte. „Das ist es nicht".

Diese Interpretation leuchtete ihm ein, denn nun konnte ich ihm ja erklären, dass es doch genau das war, was die *Analytische Psychokatharsis* beinhaltet, nämlich dass es überhaupt so etwas geben kann wie ein *Pass-Wort* aus dem eigenen Inneren, dass ‚Es‘ tatsächlich in einem in dieser Weise *Spricht*. Zudem konnte ich hier auf den/das *Andere(n)*, also auf Lacans ‚*L'Autre*‘ verweisen, den er den Hort der *Signifikanten*, der Sprecheinheiten, nennt. Es sind diese „wichtigen Mitmenschen", von denen

Kernberg sprach, die in einem als Ich-Ideal, Über-Ich aber auch als ein „tief empathisch verstehendes Ich" verinnerlicht sind und sich zum *Anderen* vereinheitlicht haben. Zudem ist die unbewusste Wahrheit ja eben gerade nicht die übliche, allgemein kommunizierte und bewusstbekannte Wahrheit, sondern die mit der Umkehrung, die mit der Leerstelle, die ‚anders herum', die ich anderswo auch einmal die frigide Partnerin auf der Suche nach der Wahrheit genannt habe, weil sie sich so ziert (ganz anders Mechthild, die nicht so zimperlich ist, aber nicht die Wahrheit also solche anstrebt, sondern den direkteren, kürzeren Weg zur Gewissheit nimmt, die auch fraglich sein kann).

Doch das mit modernen Methoden – wie etwa mit dem Ariadnefaden des R-A-D-I-C-I-T geweckte Unbewusste filtert allzu fragwürdige und enigmatische Aussagen aus. Zudem gehört vielleicht ein wenig psychoanalytisches Wissen dazu, um solch ein Identitäts- bzw. *Pass-Wort* in den druckreifen Text zu übersetzen, was bei dem Spruch mit „Das ist es nicht" allerdings nicht allzu schwer war, denn es ging wohl um das Widerstrebende im Probanden selbst. Auch wenn jemand, wie Freud hinsichtlich einer Deutung zur konfliktbezogenen Mutter-Imago berichtete, mit empörter, affektgeladener und lauter Stimme betont: „Nein, die Mutter ist es keinesfalls"! handelt es sich höchstwahrscheinlich exakt um die Mutter. Eine zu heftige Abwehr ist in der Umkehrung die Bestätigung.

Und so ist das ablehnende „Das ist es nicht" also nichts Aberwitziges. So verblüffend eine solche gedankliche Äußerung aus dem Unbewussten auch war, sie war doch für den Probanden beeindruckend und auch zutreffend. Paradoxer, trotziger, aber auch origineller hätte ihm dies kein Therapeut vermitteln können. Nichts ist so wirksam wie das aus dem eigenen Inneren kommende *Pass-* oder Identitäts-*Wort*, das er sich – über einen unbewussten Umweg – ja selber gegeben hatte. Übertragung und Auflösung der Übertragung stehen hier ganz eng beieinander oder passieren im fast gleichen Moment. Wer irgend sonst ihm geraten hätte, er solle das Verfahren doch weitermachen, hätte ein ‚ja danke' aber nicht mehr bei ihm bewirkt. Doch die fast paradoxe Formulierung bezüglich des Umkehrsatzes weckte das Interesse viel ausgiebiger, und so übte er mit der Methode der *Analytischen Psychokatharsis* auch weiterhin.

In der ersten Übung existiert nur ein Schein, ein Es *Strahlt*, ein ‚Durchrieseln' im Körperbild (vielleicht nicht ein Erschauern wie Moses es wohl bei der Erscheinung beim brennenden Dornbusch erlebt hat, aber ein ‚Durchschauern' im Körperbild, in dessen zusammengeschlossener Mehrschichtigkeit). Ich habe es anderswo als Ausdruck des weiblichen Über-Ichs und ‚Vision' beschrieben. Das verneinend Paradoxe – sage ich jetzt nachträglich – hat meinen Probanden zu dieser Erkenntnis und Einsicht geholfen, daran hätte er als Vertreter der alltäglichen Meinung, dass die Psychoanalyse oder die *Analyti-*

sche Psychokatharsis ziemlicher Humbug ist, nicht gedacht.

In diesem Ausdruck, im *Pass-Wort*, besteht das Wesentliche des analytischen Teils des Verfahrens, auch wenn man das *Pass-Wort* manchmal zusätzlich deuten muss. Die erste Übung bezieht sich dagegen mehr auf das Meditative, ‚Ikonische‘. Einige Anwender der *Analytischen Psychokatharsis* begnügen sich mit diesem ersten Teil der Methode. Sie wollen die Katharsis in einer gesicherten und wissenschaftlich begründeten Weise erfahren, mehr nicht. Jeder kann es handhaben, wie er will. Um neurotische Konflikte zu beseitigen, muss man allerdings auch die zweite Übung dazu nehmen, die auf der ersten aufbaut, aber eben im Ton- und Gedankenhören besteht.

Wenn man sich über Psychoanalyse etwas beliest und auch sonst Kontakt zu literarischer und wissenschaftlicher und sonstiger Kultur hält, und auch den vorliegenden Text gelesen hat, einen Versuch mit den Übungen gemacht hat, kurz: ein bisschen Bildungsbürger ist, wird man die oft sofort einsehbaren *Pass-Worte* richtig deuten. So schreibt Freud, dass man sogar manche Träume, die ja nun viel entstellter sind als die *Pass-Worte*, und die in solch einem Fall auch unmittelbar vom Symbolisch-Realen herkommen, direkt vom „Blatt weg ablesen" könnte. Man braucht nicht mehr den Träumer nach Einfällen dazu zu befragen und umständliche Interpretationen anzubringen und so, unmittelbar, wirken auch die *Pass-Worte*.

Und noch ein letzter Hinweis, nach dem oft gefragt wird. Bemerkt man bei der Anwendung der *Analytischen Psychokatharsis*, dass der *Strahlt*-Anteil beim Üben zu stark ausfällt, wechselt man zur *Spricht*-Übung und umgekehrt. Ansonsten sind beide Übungen jeweils nur für etwa zwanzig Minuten durchzuführen. Der Wechsel von praktischer Erfahrung und theoretischem Denken ist wichtig, weil am Ende etwas Gemeinsames herauskommen wird: eine gedankliche Selbsterfahrung, eine praktische Logik, eine kathartische Analyse. Letztendlich finden beide Übungen zu einem inneren ‚Auftrag‘, einer Gewissheit von dem, was die Identitäts-Formel des Subjekts bedeutet, zusammen und so auch zur Möglichkeit am Verfahren auch weiter entwickelnd mitwirken zu können.

Andererseits habe ich bereits beschrieben, dass man manchmal nicht nur in Gedanken vom meditativen Vorgang abweicht. Manchmal weicht man sogar zwischen den einzelnen *Formel-Worten* zu Bildern, Erinnerungen, zu einem Gemisch von beiden und zu *Pass-Worten* ab, und kehrt doch wieder zum *Formel-Wort*-Reverberieren zurück. Der Fortgeschrittene wird dies durchaus als bereichernd erfahren, denn er lässt sich nicht in eine einseitige *Strahlt*- oder *Spricht*-Richtung verführen, sondern bleibt beim Fortschreiten in der engen Kombination der beiden Grundtriebe, Grundprinzipien, des Spiegel- und Echodiskurses, des Bild-Wort-Wirkenden.

Webseite des Autors: analytic-psychocatharsis.com

Literaturverzeichnis

Baggini, J., Ich denke, also will ich, dtv (2016)

Barkhaus, A., Mayer, M., Identität, Leiblichkeit, Normativität, Suhrkamp (1996)

Bauriedl, T., Beziehungsanalyse, Suhrkamp (1993)

Benthien, C., Wulf, Ch., Körperteile, Rowohlt (2001)

Bezzel, C., Wittgenstein, Junius (1996)

Breuer, R., Immer Ärger mit dem Urknall, Rowohlt (1993)

Brockman, J., Vogel, S., Wie funktioniert die Welt?, Fischer Taschenbuch (2013)

Byung-Chul Han, Die Austreibung des Anderen, Fischer Wissenschaft (201)

Byung-Chul Han, Die Errettung des Schönen, Fischer Wissenschaft (201)

Camus, A., Der Mythos des Sisyphos, Rowohlt (2018)

Carnap, R., Einführung in die Philosophie der Naturwissenschaft (1969)

Damasio, A. R., Descartes` Irrtum, Dtv (1997)

Dennet, D. C., Von den Bakterien zu Bacvh – und zurück, Suhrkamp (2018)

Davies, P., Gott und die moderne Physik, Bert. M. (1986)

Eccles, J. C., Gehirn und Seele, Piper (1987)

Eichmeier, J., Höfer, O., Endogene Bildmuster, U&S – Verlag (1974)

Fischer-Lichte, E., Performativität: Eine Einführung, transcript (2012)

Freud, S., Studienausgabe, Fischer (1989)

Goel, B. S. Meditation und Psychoanalyse, Ariston (1989)

Görz, G., Einführung in die Künstliche Intelligenz, Addison-Wesley (1996)

Harari, Y. N., Homo Deus, C. H. Beck (2017)

Heidegger, M., Unterwegs zur Sprache, G. Neske (1959)

Hilbrecht, H., Meditation und Gehirn, Schattauer (2010)

Hofstadter, D., Die Analogie, Klett-Cotta (2014)

Horgan, J., An den Grenzen des Wissens, Luchterhand (1997)

Jacobs, A., Schrott, R., Gehirn und Gedicht, Hanser (2011

Jakobson, R., Semiotik, Suhrkamp (1988)

Jakobson, R., On Language, Harvard University Press (1995)

Jung. C.G., Gesammelte Werke, Walter (1983)

Kant, I., Kritik der reinen Vernunft, Reclam (1966)

Kluge, F., Etymologisches Wörterbuch, W. de Gruyter (1989)

Lacan, J., Schriften I - III, Walter, (1975)

Lacan, J., Seminare I,I, VII, XI, XX, Quadriga (1980-1995)

Lacan, J., Seminaire Nr. III, Iv, VIII, XVII, Edition Seuil (1981-1994)

Lacan, J., Die Bildungen des Unbewussten, Turia & Kant (2006)

Lacan, J., Mitschriften der Seminare,VI,IX,X,XII,XV, B.R.L.F., Strasbourg

Laplanche, J., Pontalis, J. B., Das Vokabular Der Psycho-analyse, Suhrkamp (1989)

Linke, D., Kunst und Gehirn, Rowohlt (2001)

Maar, C., Pöppel, E., Christaller, T., Die Technik auf dem Weg zur Seele, Rowohlt (1996)

Merleau-Ponty, M., Das Sichtbare und das Unsichtbare, Fink Verlag (1994)

Pinker, S., Der Sprachinstinkt, Kindler (1996)

Plato, Sämtliche Werke, Insel Verlag (1991)

Popper, K. R., Eccles, J. C., Das Ich und sein Gehirn, Piper (1989)

Potthoff, P., Die Begegnung der Subjekte, Psychosozial-Verlag (2014)

Roazen, D., Der innere Sinn, Archäologie eines Gefühls, Fischer (2012)

Roheim, G., Die Panik der Götter, Kindler (1975)

Rosset, C., Das Reale in seiner Einzigartigkeit, Merve (2000)

Rüdinger, D., Perrez, M., Anthropologische Aspekte der Psychologie, O. Müller (1979)

Rudgley, R., Abenteuer Steinzeit, Kremaye & Scheriau (2001)

Schmidt-Hellerau, C., Lebenstrieb & Todestrieb, Libido & Lethe, Verlag Intern. Psychoanalyse (1995)

Searle, J. R., Geist, Hirn und Wissenschaft, Suhrkamp (1992)

Seidler, G. H., Der Blick des Anderen, Verlag Intern, Psychoanalyse (1995)

Sinz, R., Gehirn und Gedächtnis, Fischer Utb (1981)

Strowik, E., Sprechende Körper, Fink-Verlag (2009)

Thompson, R. F., Das Gehirn, Spectrum (1994)

Thorne, K. S., Gekrümmter Raum und Verbogene Zeit, Knaur (1996)

Tipler, F. J., Über die Omegapunkttheorie, Piper (1994)

Uexküll, Th., Fuchs, M., Subjektive Anatomie, Schattauer (1994)

Weiss, Der Andere in der Übertragung, Frommann-Holzboog, (1988)

Weizsäcker, C. F. von, Die Einheit der Natur, Dtv (1995)

Weinberg, S., Der Traum von der Einheit des Universums, Bertelsmann (1993)

Weizenbaum, J., Die Macht der Computer, Stw (1977)

Wiener, O., Probleme der Künstlichen Intelligenz, Merve (1990)

Wilhelm, R., Informatik, C.H.Beck (1996)

Wilson, E. O., Der Wert der Vielfalt, Piper (199

Wolf, F. A., Die Physik der Träume, Byblos (1996)

Wygotski, L.S., Denken und 'Sprechen', Fischer (1981)

Weitere Bücher des Autors aus dem MCS-Verlag

Analytische Psychokatharsis
Psychoanalytische Theorie und kathartische Meditation können nicht einfach ineinander überführt werden. Setzt man beide Verfahren aber durch ein entscheidendes Element (einen „linguistischen Kristall") in Beziehung, lässt sich ein eigenes neues Verfahren begründen. Die Psychoanalyse und die meditativen Methoden werden diskutiert, und die Praxis des eigenen Verfahrens wird ausführlich beschrieben.

Die Revolte des Selbst
Die klassische Methode der Analyse des Unbewussten stellt eine zu theoretische Revolte des Selbst dar. Um in der Praxis Erfolg zu haben bedarf es eines direkteren selbstanalytischen Verfahrens, das jeder aus sich selbst heraus entwickeln kann. Formulierungen, die in einem einzigen Schriftzug mehrere Bedeutungen enthalten, können das Unbewusste jedes Einzelnen durch mentales Üben aufbrechen und zu sich selbst befreien.

Der Andere des Wortes und das Andere der Sterne verweist auf die Doppelstruktur des Unbewussten. Doch wie bringt man diese beiden in eine geeignete Kombination, so dass sie sich für ein psychoanalytisch - meditatives Verfahren eignen, das jeder Einzelne für sich selbst erlernen kann. Über Physik, Theologie, Kognition und andere Wissenschaften liefert das Buch eine Anleitung

SIGNIFIKANT Gott?

Schon die unterschiedliche Groß- Kleinschreibung provoziert, dass der SIGNIFIKANT (Bezeichner, Bedeutender), ein Begriff aus der Linguistik, wichtiger sein könnte, als die altehrwürdige Vokabel Gott. Der Autor zeigt, dass Jesus ein Vorläufer der modernen Psychotherapie war und somit sein Vorgehen auch für die heutige Psychoanalyse genutzt werden kann.

Liste weiterer Werke des Autors im MCS-Verlag

Herz-Sprache, Eine Psychoanalyse des Herzens

Politik / Therapie, Begreifen, was man schon weiß - wie Politik therapeutisch zu denken wäre

Das autochthone Genießen, Essays zu einem neuen selbstanalytischen Verfahren

Zweimal den Tod überlisten, Ein Traktat zu Sisyphos

Siddharthas Wiederkehr, Ein wissenschaftlicher Roman – eine Anregung zur Selbstanalyse

teetrunken, Bergwandern, Meditieren, Wissenschaft betreiben – Essays von dreiteilig einigen Menschen

Nach Lacan, Über Physik, Psychoanalyse und die Metapher des Genießens – eine Selbstpraxis

interhot, Gespräche mit dem Unbewussten

Vater seiner Selbst, Die ‚logische Selbststruktur als erlernbar therapeutischer Weg, die eigene Identität zu finden

Das Gerade und das Gekrümmte, Die Behandlung einer Psychose

Die Mathematik des Eros, Die ‚perfektoiden Räume‘ des Unbewussten – eine Selbstpraxis

Die körperlich kranke Seele, Eine Broschüre zu Theorie und Praxis der *Analytischen Psychokatharsis*

Platons Lieb-ido, Ein wissenschaftlicher Roman – eine Überredung zur Selbsttherapie